Wiener Hausberge

Franz und Rudolf Hauleitner

Wiener Hausberge

52 ausgewählte Wanderungen und Spaziergänge im Schneeberg-, Rax-, Semmering- und Wechselgebiet mit Gutensteiner Alpen, Hoher Wand, Rosaliengebirge und Buckliger Welt

Mit 61 Farbfotos,
50 farbigen Freytag & Berndt-Wanderkärtchen im Maßstab 1: 50 000,
zwei topographischen Wanderkärtchen des Bundesamtes für Eich- und Vermessungswesen im Maßstab 1: 50 000
sowie einem farbigen Freytag & Berndt-Übersichtskärtchen
im Maßstab 1: 500 000

BERGVERLAG ROTHER GMBH · MÜNCHEN

Umschlagbild: Bei Reichenau an der Rax. Blick in das Höllental mit der Pyramide des Schneeberges darüber. Rechts der Mittagsstein.

Bild gegenüber dem Titel (Seite 2): An den klaren Wassern der Schwarza im romantischen Höllental zwischen Rax und Schneeberg.

Alle Abbildungen stammen von den Autoren.

Kartographie:
© Wanderkarten der Touren 51 und 52 im Maßstab 1: 50 000 vervielfältigt mit Genehmigung des Bundesamtes für Eich- und Vermessungswesen (Landesaufnahme) in Wien, Zl. L 70 065/94.
Alle anderen Wander- und Übersichtskarten © Freytag & Berndt, Wien.

4. Auflage 2001

ISBN 3-7633-4216-8

BERGVERLAG ROTHER · München
D-85521 Ottobrunn · Haidgraben 3 · Tel. (089) 608669-0
Internet www.rother.de · **E-mail** leserzuschrift@rother.de

Vorwort

Der Wienerwald gilt dank seiner Nähe zur Bundeshauptstadt und den mit Auto, Bus, Schnellbahn oder Tramway rasch erreichbaren Ausgangspunkten sozusagen als »alltägliches« Trainings- und Ausflugsgebiet der Wiener. Die eigentlichen Wander- und Kletterberge aber, die »Wiener Hausberge«, mit ihren die 1000-Meter-Marke übersteigenden Kalk- und Kristallingipfeln finden sich südlich davon, zwischen Triestingtal, südlichem Wiener Becken und der Grenze zur benachbarten Steiermark.
Mehr als die Hausberge Münchens oder Salzburgs sind jene um Wien schon aufgrund ihrer relativ niedrigen Gipfelflur und des damit im wesentlichen voralpinen Charakters Tourenziel der Städter. Entsprechend rar ist der Besuch ortsfremder oder gar ausländischer Bergwanderer, entsprechend hochkonzentriert der Wochenendansturm (vor allem im Frühling und Herbst) und bescheiden der Besuch an Werktagen.
Dabei präsentieren diese Berge einen durchaus eigenen, unverwechselbaren Landschaftstyp. So hat der Semmering mit seinen um die Jahrhundertwende entstandenen Hotelbauten und der fast ästhetischen Anlage der Semmeringbahn als »eroberte Landschaft« Berühmtheit erlangt. Aber auch die nur hier anzutreffende harmonische Mischung aus Föhrenwald, hellem Kalkfels und tiefgrünen Wiesen ist als »Gutensteiner- oder Miesenbach-Landschaft« bis über die Grenzen Österreichs hinaus bekannt geworden. Gewiß fehlen in den Wiener Hausbergen besonders markante oder bizarre Formen, weshalb es Fotografen nicht immer leicht haben, diese Höhen einprägsam auf Zelluloid zu bannen. Doch die oben erwähnten Charakteristika sowie eine noch überraschend unberührte Natur geben den Streifzügen durch das Gebiet ihren besonderen Reiz.
Das vorliegende Büchlein will den erholungssuchenden Gast auf Gebiete aufmerksam machen, die aufgrund ihrer besonderen Eigenart eine der reizvollsten Landschaften der Ostalpen formen. Es soll aber auch dem ortsansässigen Wanderer verborgene oder weniger bekannte Schönheiten seiner Heimat in das Bewußtsein rufen. Die Nähe zu den berühmten Heilbädern und Weinorten an der ostösterreichischen Thermenlinie, zur Musik- und Kunstmetropole Wien, zur burgenländischen Pußta mit dem einzigen Steppensee Europas, dem Neusiedler See, bietet dem, der sich für einen Urlaub in Wiens hauseigenen Bergen entschließt, unbegrenzte Möglichkeiten.
Alle hier angeführten Touren sind unschwierig und folgen gut bezeichneten Wegen. Sie können meist auch von weniger trainierten Bergfreunden, zum Teil auch von Kindern und älteren Leuten unternommen werden.
Möge dieser Wanderführer allen Besuchern der Wiener Hausberge ein verläßlicher Begleiter auf ihren Streifzügen und Erkundungen sein!

Wien, im Frühling 2001 — Franz und Rudolf Hauleitner

Inhaltsverzeichnis

Touristische Hinweise

Zum Gebrauch des Führers

Das Inhaltsverzeichnis informiert über den Aufbau des Buches und gibt einen Überblick über alle vorgestellten (nach Tourengebieten geordneten) Wanderwege. Nach den touristischen Hinweisen werden im Abschnitt Wissenswertes Sehenswürdigkeiten und Ausflüge sowie Gelegenheiten zu Sport und Unterhaltung angeführt. Danach folgt eine doppelseitige Übersichtskarte mit eingetragenen Tourennummern. Jeder Wandervorschlag enthält neben dem stichwortartigen Routenverlauf und einer Kurzcharakteristik wichtige Informationen in Form eines »Steckbriefes«. Ihm folgt die eigentliche Wegbeschreibung, die durch eine mehrfarbige Wanderkarte im Maßstab 1 : 50 000 mit eingezeichneter Route und ein Farbbild ergänzt wird. Wichtiger Bestandteil des Führers ist das Stichwortverzeichnis am Schluß. Hier sind alle behandelten Berge, Berggruppen, Talorte, Ausgangspunkte, Stützpunkte und Tourenziele aufgelistet. Zusammen mit den beiden Übersichtskarten (S. 26/27 und Umschlagrückseite), aus denen die Lage der Touren ersichtlich ist, erleichtert es die Auswahl erheblich.

In den Adlitzgräben. Am Eingang in die Falkensteinhöhle (Tour 42).

Am Plateau des Hochschneeberges. Blick über das Damböckhaus hinweg auf Klosterwappen und Kaiserstein (Tour 26).

Anforderungen
Die meisten Wanderungen verlaufen auf gut instand gehaltenen, markierten Steigen und Wegen, sind also im alpinistischen Sinn leichte Unternehmungen. Trotzdem verlangen manche Touren Trittsicherheit, Schwindelfreiheit und etwas Ausdauer. Um die jeweiligen Anforderungen besser einschätzen und vergleichen zu können, wurden die Nummern der einzelnen Tourenvorschläge mit verschiedenen Farben versehen:

BLAU
Wanderungen in Tal- und Almregionen. Unschwierig und nur wenig anstrengend. Auch für Kinder und Senioren geeignet. Gesamtgehzeit bis 4 Stunden. Anstiegshöhe bis 600 m.

ROT
Wanderungen in Bergregionen bis 2400 m. Unschwierige, jedoch teilweise steile, exponierte Steiganlagen. Gesamtgehzeit bis 6 Stunden. Anstiegshöhe bis 800 m.

SCHWARZ
Wanderungen in hochalpinen Lagen, zum Teil auch im Felsgelände. Vielfach steile, exponierte Steige. Mitunter Zuhilfenahme der Hände erforderlich. Nur für trittfeste, konditionsstarke und alpin erfahrene Wanderer. Gesamtgehzeit auch über 7 Stunden. Die Anstiegshöhe geht manchmal über 800 m hinaus.

Gefahren
Obwohl die meisten der hier beschriebenen Wanderungen gebahnten Wegen oder Straßen folgen, ist an einzelnen abrutschbereiten Stellen, bei Querung steiler Hänge oder hartgefrorener Schneefelder sowie im steinschlaggefährdeten Gelände Vorsicht am Platze.

Ausrüstung
Feste Schuhe mit Profilgummisohle, zweckmäßige Bekleidung sowie Rucksack mit Pullover, Regenschutz, Anorak und kleinerem Tourenproviant (Wasserflasche!) sind Voraussetzung.

Karten
Die den einzelnen Wandervorschlägen beigegebenen mehrfarbigen Karten mit Routeneintragungen sind ein wesentlicher Bestandteil des Führers. Wer sich zusätzlich Karten zulegen möchte, dem seien die Freytag & Berndt-Wanderkarten im Maßstab 1 : 50 000 (»Wanderatlas Wiener Hausberge« und die Kartenblätter WK 011, WK 012, WK 021, WK 022, WK 422) sowie die amtliche Österreichische Karte 1 : 50 000 (Blätter 76 und 106) empfohlen.

Gehzeiten
Die Zeitangaben sind reichlich bemessen, enthalten aber nur die reine Gehzeit. Es sind Anstiegs-, Abstiegs- und Gesamtgehzeit vermerkt, bei Rundwanderungen oder längeren Touren auch die Zeiten für einzelne Etappen.

Höhenunterschied(e)
Unter dieser Angabe ist nicht die Meterdifferenz zwischen höchstem und tiefstem Punkt einer Wanderung zu verstehen, sondern die Summe der auf einer Tour sowohl im Anstieg als auch im Abstieg zu bewältigenden Höhenunterschiede. Gegensteigungen werden also berücksichtigt!

Wegmarkierungen
Neben der üblichen Markierung besitzen etliche Steiganlagen auch eigene Nummern. Ihr Auffinden wird dadurch erleichtert.

Künstliche Aufstiegshilfen
Von Stützpunkten, die mit Seilbahn oder Sessellift erreichbar sind, werden mehrfach Wanderungen im Abstieg beschrieben. Diese Anlagen sind oft

Elisabethkapelle und Schneeberg-Zahnradbahn (Tour 26).

nur während der Sommermonate in Betrieb. In der übrigen Zeit können solche Tourenziele bzw. Ausgangspunkte nur zu Fuß erreicht werden.

Schutzhütten, Gaststätten, Restaurants, Jausenstationen
Im Steckbrief findet man unter »Einkehrmöglichkeiten« alle an einer Wanderroute gelegenen, zur Sommerzeit geöffneten Stützpunkte. Nächtigungsmöglichkeit, Bettenzahl und Bewirtschaftungszeit werden dort erwähnt.

Wetter
Wetterinformationen erhält man über den Österreichischen Hörfunk und das Fernsehen (auch Teletext), Internet (www.zamg.ac.at) und das »Wetterphon« (erhöhter Tarif): Ostalpenwetter Tel. 0900/91156682, Alpinwetter Steiermark Tel. 0900/91156612, Fax-Abruf 0900/55556627, Alpinwetter Niederösterreich Tel. 0900/91156602, Fax-Abruf 0900/55556611.

Abkürzungen

B.	Betten
bez.	bezeichnet, markiert
Bhf.	Bahnhof, Haltestelle
ganzj.	ganzjährig
Jst.	Jausenstation
L.	Lager, Matratzenlager
orogr.	orographisch, talabwärts gesehen
P	Punkt der Landkarte, Höhenkote

Wissenswertes von A bis Z

Nachstehende Angaben zu Sehenswürdigkeiten, Ausflugszielen, Sport- und Unterhaltungsmöglichkeiten sind als Anregung gedacht. Sie enthalten lediglich Kurzinformationen.

Alland: Ort im südlichen Wienerwald. Lungenheilstätte. Besichtigung der Allander Tropfsteinhöhle, 15 Min. vom Ort, Führungen (ab fünf Personen) zwischen 1. April und 31. Okt. an Wochenenden und Feiertagen von 09.00 bis 17.00 Uhr; Besichtigungsdauer 20 bis 30 Min.

Alpl (»Roseggers Waldheimat«) im inneren Freßnitzgraben. Anreise von Krieglach oder St. Kathrein am Hauenstein. Der Kluppeneggerhof über Alpl ist Geburtshaus des steirischen Dichters Peter Rosegger (1843 – 1918).

Aromatherapie (»Erlebniswelt der Düfte«) in Neusiedl am See.

Aspang-Markt im Pittental. Seit 983 Markt. Sehenswert die Pfarrkirche St. Florian (15. Jh.), das Schloß Aspang (16. Jh.) sowie die Kirche Hl. Johannes in Unter-Aspang, eine Wehrkirche aus der Zeit der Markterhebung. Automobilmuseum (siehe unten!).

Automobilmuseum in Aspang-Markt. 120 Automobile von 1888 bis 1960. Geöffnet 1. Mai bis 1. November täglich von 14.00 bis 17.00 Uhr, an Sonn- und Feiertagen von 09.00 bis 17.00 Uhr. Im Mai, Juni, September und Oktober nur an Sonn- und Feiertagen von 09.00 bis 17.00 Uhr geöffnet .

Bad Fischau-Brunn: Markt am Rande des Wiener Beckens. Heilbad mit radioaktiven Quellen, schon den Römern bekannt. Eisensteingrotte (siehe dort!).

Bad Sauerbrunn am Fuß des Rosaliengebirges. Stark magnesium- und kohlensäurehältiges Heilwasser. Töpfereiindustrie; Kutschenfahrten.

Bad Vöslau: Kur- und Weinort am Ostabhang des Wienerwaldes mit schon den Römern bekannten Heilquellen. Thermalstrandbad. Bekanntes Tafelwasser!

Baden: Kurstadt am Ostabhang des Wienerwaldes. Bedeutendstes Rheumaheilbad Österreichs. Badebetrieb seit dem 1. Jh., Stadt seit 1480. 15 muratisch-sulfatische Schwefelthermen. Dekanatskirche St. Stephan (1477) mit Altarbild von Paul Troger. Pfarrkirche St. Helena (15. Jh.), Hofkirche (19. Jh.), Thermalfreibad, Trabrennbahn. Im Sommer Kurkonzerte, Opern- und Operettenaufführungen. Ausflug in das Helenental.

Badeseen und Badeteiche: Alte Donau (Wien), Neusiedler See, Neufelder See, Lunzer See, Erlaufsee, Badestausee Paradies (Forchtenstein), Badeteich in Schwarzau im Gebirge.

Berndorf im Triestingtal. Bereits 1133 als »Perindorf« erwähnt, 1886 Markt, seit 1900 Stadt. Sehenswert die nach dem Vorbild der Wiener Peterskirche errichtete barocke Pfarrkirche St. Margareta (1917), das Stadttheater (Wiener Ringstraßenarchitektur) sowie die berühmten Schulen auf dem Griesfeld (zwölf Klassenzimmer in zwölf verschiedenen Baustilen). Erlebnisbad »Centrelax«.

Bootsverleih an der Alten Donau (Wien), am Neusiedler See, am Neufelder See, am Erlaufsee, am Lunzer See, am Kurpark-Teich in Puchberg/Schneeberg, am Laxenburger Schloßteich.

Einhornhöhle: Bei Dreistetten an der Hohen Wand gelegene Höhle. Von dort in ½ Std. zu erreichen. Führungen zwischen Ostersonntag und 1. Nov. an Sonn- und Feiertagen von 9.00 bis 17.00 Uhr ab 6 Personen (Auskünfte im Ghf. Langer/Dreistetten, Tel. 02633/42553).

Eisenstadt: Hauptstadt des Burgenlandes am Ostabhang des Leithagebirges. Der Komponist Josef Haydn (1732 – 1809) wirkte hier drei Jahrzehnte als Leiter des Hoforchesters des Fürsten Esterhazy. Das Schloß Esterhazy wurde von Carlo Carlone von 1663 bis 1672 erbaut. Führungen (an Sonntagen eingeschränkt!) zu jeder vollen Stunde täglich zwischen 9.00 und 16.00 Uhr. Bergkirche (Haydn-Mausoleum) von 1. April bis 31. Okt., tägl. 9.00 bis 12.00 und 13.00 bis 17.00 Uhr geöffnet. Internationale Haydntage, Haydnkonzerte. Sehenswerter Jüdischer Friedhof.

Eisensteinhöhle am Ostabhang der Fischauer Berge, 2 km von Bad Fischau. Schachtartige Höhle, 950 m lang und 90 m tief. Perlsinterbildungen durch thermale Einflüsse. Führungen von Anfang Mai bis Ende Oktober jeweils am 1. und 3. Wochenende des Monats. Anmeldung: Tel. 02639/21033 oder 02639/7121.

Elisabethkapelle am Hochschneeberg: Zum Gedenken an Kaiserin Elisabeth von Österreich 1901 errichteter, weithin sichtbarer Steinbau nahe der Zahnradbahn-Bergstation.

Festspiele, Sommerspiele: Wiener Neustädter Frühlingund Kulturherbst, Internationale Haydntage Eisenstadt, Wiener Festwochen, Internationales Musikfest Wien, Klangbogen Wien, Musikfilm-Festival Wien, Jazz-Fest Wien, Festival Mozart in Schönbrunn, Frühlingsfestival Wien, Opern- und Passionsspiel im Römersteinbruch St. Margarethen, Schwechater Nestroy-Spiele, Sommerspiele in Laxenburg, Perchtoldsdorf, Gutenstein, Mörbisch, Reichenau, Baden und Stockerau.

Flugplätze: Segel- und Motorflugfelder in Wr. Neustadt-West, Wr. Neustadt-Ost, Trausdorf, Bad Vöslau, Völtendorf (St. Pölten), Mariazell, Lanzen-Turnau (Aflenz), Kapfenberg, Pinkafeld, Spitzerberg (Hainburg) und Stockerau.

Forchtenstein am Ostabhang des Rosaliengebirges. Besonders mildes Klima (Edelkastanien, Ananaserdbeerfelder, Weinbau)! Sehenswert die Burg Forchtenstein, seit 1622 im Besitz der Familie Esterhazy. Der 142 m tiefe Brunnen wurde 1660 von gefangenen Türken in den Fels geschlagen. Badestausee »Paradies«.

Freilichtmuseum »Volkskundliches Brauchtum« in der Kalten Kuchl.

Gauermann-Museum in der ehemaligen Volksschule von Scheuchenstein-Miesenbach mit Werken des Landschaftsmalers Friedrich Gauermann (1807 – 1862). Von Ostersonntag bis 26.Oktober an Wochenenden und Feiertagen von 10.00 bis 17.00 Uhr geöffnet.

Gloggnitz: Kleinstadt am Kreuzungspunkt der Wege ins Höllental und zum Semmering. Das Kloster wurde 1556 erstmals erwähnt. Berühmte Gloggnitzer sind Dr. Michael Hainisch, erster Bundespräsident der Ersten Republik und Dr. Karl Renner, Staatskanzler der Ersten und Zweiten Republik. Zeitgeschichtliches Museum in der Villa Dr. Renners. Sehenswerte Klosterburg (gotischer Bau, im 16. und 17. Jh. barockisiert), die auch als Hochzeitsschloß (siehe dort!) Verwendung findet.

Großes Höllental: Cañonartig in das Raxmassiv eingelagerter Seitenast des Höllentales (siehe dort!) mit den eindrucksvollsten Wandbildungen der Wiener Hausberge. Zugang von den Parkplätzen beim Weichtalhaus im Höllental (Tour 32).

Grünbach am Schneeberg: Alte Bergwerkssiedlung (Steinkohlenabbau von 1827 bis 1965) südlich der Hohen Wand. Der Sessellift auf die Hohe Wand wurde stillgelegt. Pfarrkirche (14. Jh.).

Gumpoldskirchen: Berühmter Weinort am Rande des Wiener Beckens. 1140 erstmals erwähnt. Schloß des Deutschen Ritterordens (18. Jh.). Gotische Pfarrkirche St. Michael. Ortskern mit Renaissance-Höfen und arkadengeschmücktem Rathaus.

Gutenstein: Markt im Piestingtal. Um 1900 Sommerfrische der »Wiener Gesellschaft«, seither etwas in Vergessenheit geraten. Spätgotische Pfarrkirche (15. Jh.), Hoyossches Schloß (17. Jh.), Raimund-Villa (1820), Ruine Gutenstein (13. Jh.) und Friedhof mit dem Grab Ferdinand Raimunds. Waldbauern-Museum (1. Mai bis 15. Okt. an Sa. 14.00–17.00 Uhr, an Sonn- und Feiertagen 10.00–12.00 Uhr und 14.00–17.00 Uhr; im Juli und August Mo. bis Fr. 14.00–17.00 Uhr geöffnet) in der Alten Hofmühle. Lohnender Ausflug auf den Mariahilfberg (Tour 7).

Hafnerberg: Wallfahrtsort nordöstlich über Altenmarkt (Triestingtal). Barocke Kirche (18. Jh.) mit Rokokoausstattung. Orgel von Anton Pfliegler.

Heiligenkreuz: Ort westlich von Mödling im Wienerwald. Ältestes Zisterzienserkloster Niederösterreichs. 1133 durch den Babenberger Markgrafen Leopold III. gegründet. Großartige Stiftskirche mit romanischem Langhaus (12. Jh.) und hellem gotischen Chor (13. Jh.; wertvolle Glasfenster!). Berühmter Kreuzgang mit 300 Säulen aus rotem Marmor. Frühgotisches Brunnenhaus (13. Jh.). Kapitelsaal mit dem Grabstein des letzten Babenbergers, Friedrich II. Gemäldegalerie, Bibliothek (17. Jh.). Im Hof Dreifaltigkeitssäule (18. Jh.) und Josefsbrunnen (18. Jh.).

Hermannshöhle bei Kirchberg am Wechsel: Mit 4 km Gesamtlänge größte Tropfsteinhöhle Niederösterreichs, Ende März bis Anf. Nov. geöffnet.

Der Schneeberg aus dem Puchberger Becken.

Führungen in der Karwoche und vom 1. Mai bis 30. Sept. täglich, im April und Oktober an Wochenenden und Feiertagen um 9.30, 11.00, 13.30, 15.00 und 16.30 Uhr, ab fünf Personen. Zusätzlich Führungen durch das Kyrlelabyrinth. Siehe Tour 48!

Heurigen-Besuche in allen Weinorten entlang der Thermenlinie (Perchtoldsdorf, Mödling, Gumpoldskirchen, Soos, Traiskirchen, Baden, Bad Vöslau, Bad Fischau) sowie im Nordburgenland (Neusiedler See-Gebiet).

Hinterbrühl: Ausflugsziel im Tal des Mödlingbaches (Wienerwald). Sehenswert der Husarentempel (erstes österreichisches Kriegerdenkmal), die Höldrichsmühle (angeblich Entstehungsort des Schubert-Liedes »Am Brunnen vor dem Tore«) und die »Seegrotte« (siehe dort!).

Hochquellenwasserleitungen, Wiener: Am 24. Oktober 1873 fand die Eröffnung der 1. Wiener Hochquellenwasserleitung aus dem Rax-Schneeberg-Gebiet (Kaiserbrunnen im Höllental) nach Wien statt. Die tägliche Transportleistung durch den 90 km langen Kanal beträgt 200 000 m^3. Zum Durchfließen benötigt das Wasser 22 Stunden, wobei es sich nur um 2 Grad Celsius erwärmt. Zwischen 1900 und 1905 wurde die 2. Wiener Hochquellenwasserleitung aus dem steirischen Salzatal errichtet. Sie liefert täglich 200 000 m^3 Wasser in einem 200 km langen Kanal von Weichselboden durch das Ybbs- und Erlauftal, über Scheibbs und Preßbaum nach Wien. Beide Leitungen stellen großartige technische Leistungen des 19. und beginnenden 20. Jahrhunderts dar (siehe Wasserleitungsmuseum Kaiserbrunn!).

Hochzeitsschloß: In den Räumen des Schlosses Gloggnitz können sich Paare den Traum einer königlichen Hochzeit erfüllen.

Höhlen (Schauhöhlen mit Führungen): Allander Tropfsteinhöhle (Wienerwald), Einhornhöhle (auf der Hohen Wand bei Dreistetten), Eisensteinhöhle (bei Bad Fischau in den Fischauer Bergen), Hermannshöhle (bei Kirchberg am Wechsel).

Höldrichsmühle: Siehe Hinterbrühl!

Höllental, Großes: Siehe Großes Höllental!

Höllental: Romantische, von der Schwarza durchflossene, 20 km lange Talenge (beliebte Wildwasserstrecke!) zwischen Raxalpe und Schneeberg. Durchzugsstraße von Payerbach-Reichenau nach Schwarzau im Gebirge.

Höllental-Aussicht: Aussichtskanzel am nördlichen Abbruchrand des Grünschacher (Raxplateau) mit atemberaubendem Tiefblick in das Große Höllental. ½ Std. vom Ottohaus, ¾ Std. von der Raxseilbahn-Bergstation.

Kirchberg am Wechsel: Urlaubsort im Feistritztal. Barocke Pfarrkirche (1754) mit Kloster (ehem. Chorfrauenstift). Spätgotische Wolfgangskirche (15. Jh.) auf dem Lienberg mit Gemälden von Spillenberger und Kremser-Schmidt. Im Ortszentrum eine 1000-jährige Linde. Wittgenstein-Institut im Kloster. Besuch der Hermannshöhle sowie der Schlösser Wartenstein und Kranichberg (siehe dort!).

Kleinmariazell: Wallfahrtsort bei Altenmarkt (Triestingtal). 1136 durch Markgraf Leopold III. gegründet. 1529 von den Türken zerstört. Ehem. Stiftskirche Mariä Himmelfahrt, eine romanische Pfeilerbasilika (12. Jh., im 18. Jh. barockisiert).

Kleinzell: Sommerfrische im Hallbachtal, einem Seitenast des Gölsentales. Salzquellen (die einzigen Solequellen Österreichs) im nahen Salzerbad. Pfarrkirche Mariä Himmelfahrt aus dem 14. Jh., später barockisiert. Mautstraße zur Ebenwaldhöhe. Besuchenswert die Roßbachklamm sowie das Freilichtmuseum »Volkskundliches Brauchtum« in der Kalten Kuchl.

Kneipp-Parcours in Puchberg am Schneeberg und Rohr im Gebirge.

Kranichberg: Im Syrnbachtal unterm Ramssattel gelegener Ort. Die Burg Kranichberg (12. Jh.) war bis in das 16. Jh. Besitz der Herren von Kranichberg. Danach Umbau zu einem Renaissanceschloß. Seit 1769 im Besitz des Erzbistums Wien. Schloßkapelle Hl. Ursula (15. Jh.) mit schönem Sakramentshäuschen.

Krieglach: Markt im Mürztal. Romanisch-gotische Pfarrkirche mit mächtigem Turm und origineller Uhr. Lieblingsaufenthalt des steirischen Dichters Peter Rosegger (1843–1918). Sehenswert ist das Wohnhaus Roseggers (tägl. außer Mo. 9.00–17.00 Uhr, 1. Nov. bis 31. März bis 16.00 Uhr geöffnet) mit Arbeits- und Sterbezimmer, Archiv und Bibliothek. Ferner der Roseggerpark und das Grab auf dem Ortsfriedhof. Ausflug in »Roseggers Waldheimat«, nach Alpl (siehe dort!).

Kurorte (mit Thermalbädern und Heilquellen): Bad Vöslau, Baden, Wien-Oberlaa, Bad Deutsch-Altenburg, Sauerbrunn, Salzerbad, Bad Schönau.

Kutschenfahrten in Bad Sauerbrunn, Neusiedl am See, Schottwien, Maria Schutz und Laxenburg (Ponyfahrten).

Landesverkehrsämter und Landesinformationsstellen:

Österreich Werbung/Urlaubsinformation, A–1040 Wien, Margaretenstr. 1, Tel. 1/5872000, Fax 1/5886620.

Wiener Tourismusverband, A–1025 Wien, Obere Augartenstraße 40, Tel. 1/21114/0, Fax 1/2168492.

Niederösterreich-Information (Prospektbestellung), A–1010 Wien, Postfach 10 000, Tel. 1/533610/6200, Fax 1/536106060.

Burgenland Tourismus, A–7000 Eisenstadt, Schloß Esterhazy, Tel. 02682/63384, Fax 02682/6338420.

Steirische Tourismus GmbH, A–8042 Graz-St. Peter, Hauptstraße 243, Tel. 0316/4003, Fax 0316/4003/10.

Laxenburg: Markt südlich von Wien mit berühmtem Lustschloß und ausgedehntem Schloßpark. Ehemalige kaiserliche Sommerresidenz und Jagdsitz der Habsburger. Sehenswürdigkeiten: Barocke Pfarrkirche (1693–1726), alte Adelssitze (Schwarzenbergsches Schloß, Kaunitz-Schloß, Lazysches Schloß, usw.) und das zur Zeit Maria Theresias errichtete Lustschloß mit Blauem Hof, Passespielhaus, Speisesaaltrakt, Theater, Altem Schloß, Schloßpark und Franzensburg (ein Hauptwerk der klassizistischen Romantik, 1768–1836, sie wird von einem Schloßteich umgeben). Der Schloßpark ist mit über 200 ha der größte Park seiner Art in Mitteleuropa! Erholungszentrum mit Restaurant. Bootsfahrten im Schloßteich, Ponyfahrten im Schloßpark. Schloßkonzerte Laxenburg.

Liechtenstein, Schloß: Nordwestlich von Mödling auf einer Felsrippe malerisch gelegen. Im 12. Jh. erbaut, im 17. Jh. von den Türken zerstört, 1873 unter Fürst Johann I. von Liechtenstein wieder errichtet.

Lilienfeld: Stadt im Traisental. Bedeutendes Zisterzienserstift (1202), der größte noch erhaltene Bau aus der Babenbergerzeit. Romanisch-gotische Stiftskirche (13. Jh.) mit barocker Innenausstattung. Kreuzgang (1260), sechseckiges Brunnenhaus, Bibliothek. Lilienfeld bzw. der nahegelegene Ort Marktl sind Heimat des Skipioniers Mathias Zdarsky. Unter seiner Leitung wurde am 19.März 1905 auf dem Muckenkogel der erste Torlauf der Skigeschichte durchgeführt. Im Bezirksheimatmuseum befindet sich der Zdarsky-Gedächtnisraum mit vielen historischen Geräten. Sessellift auf den Muckenkogel. Naturlehrpfad im Stiftspark mit seltenen exotischen Gehölzen. Märchenwelt mit wasserbetriebenen Figuren. Internationale Kirchenmusiktage.

Loos-Haus am Kreuzberg: Im Jahre 1930 von dem Wiener Architekten Adolf Loos im Auftrag des Industriellen Kuhner erbautes, funktionell gestaltetes Haus (Holz-Blockbauweise). Heute Pension und Spezialitätenrestaurant (»Alpenhof Kreuzberg«).

Mahleitenberg: Bewaldete Erhebung nördlich von Bad Fischau, bekannt durch eine ausgedehnte Höhensiedlung aus der Hallstattzeit (30 Grabhügel, Töpferwerkstätte).

Maria Schutz: Sommerfrische am Nordfuß des Sonnwendstein. Marien-Wallfahrtsort (Passionisten-Orden) mit dem »Gnadenbründl« hinter dem spätbarocken Hochaltar der Pfarrkirche (1728). Die beim Kirchbrand im Jahre 1826 zerstörten Zwiebeltürme wurden 1995 originalgetreu wiedererrichtet. Sessellift auf den Sonnwendstein (Tour 46).

Mayerling: Jagdschloß im Tal der Schwechat (Wienerwald). Heute Karmeliterinnenkloster, das durch den Selbstmord von Kronprinz Rudolf von Österreich und seiner Geliebten Maria Vetsera am 30.Januar 1889 weltweit bekannt wurde. Die Gedenkkapelle ist ganzj. von 9.00 Uhr (an Sonn- und Feiertagen ab 10.00 Uhr) bis 12.30 Uhr und von 13.30 bis 17.00 Uhr (während der Sommerzeit bis 18.00 Uhr) geöffnet.

Miesenbach: Streusiedlung im gleichnamigen Tal zwischen Hoher und Dürrer Wand. Geburtsort des berühmten Malers Friedrich Gauermann (1807 – 1862). Sehenswert die Ruine Scheuchenstein (12. Jh.), die Ruine Frohnberg, die Pfarrkirche, das Geburtshaus sowie die Grabstätte Friedrich Gauermanns und das Gauermann-Museum (siehe dort!).

Minigolf-Anlagen in allen größeren Orten des Gebietes.

Miralucke: Quelle des Mirabaches im inneren Miratal. Vom Ende der befahrbaren Miratalstraße (Schranke, Parkplatz) in wenigen Minuten zu erreichen.

Mödling: Alte Babenbergerstadt südlich von Wien, 903 erstmals erwähnt. Gotische Othmarkirche (15. Jh.) mit barocker Innenausstattung, gotische St. Ägyd-Kirche (15. Jh.), im Renaissancestil erbautes Rathaus. 1818 und 1819 Sommersitz Ludwig van Beethovens, der hier seine »Missa solemnis« sowie die »Mödlinger Tänze« schuf. Wohnort von Anton

Die Preinerwand vom Sattel bei der Neuen Seehütte (Tour 33).

Wildgans, Anton von Webern und Arnold Schönberg. Ausflüge zum Schwarzen Turm, zur Ruine Mödling (künstlich!), zum Schloß Liechtenstein, zum Husarentempel und in die Hinterbrühl (siehe dort!).

Mönichkirchen: Luftkur- und Wallfahrtsort östlich des Hochwechsels. Höchstgelegene Pfarre Niederösterreichs! Sessellift zur Mönichkirchner Schwaig. Spätgotische Pfarrkirche (15. Jh.) mit barockem Hochaltar und Gnadenbild (»Muttergottes auf der Heide«).

Mürzsteg: Sommerfrische im oberen Mürztal, im 13. Jh. erstmals erwähnt. Ehemaliges Jagdschloß (1869) Kaiser Franz Josephs I. Es dient seit 1945 österreichischen Bundespräsidenten als Sommeraufenthalt. Im Appelhof größter Holzspielplatz Österreichs. Ausflug nach Frein, einem Erholungsdorf mit 21 ha Urwald (bis zu 50 m hohe und über 600 Jahre alte Baumriesen).

Mürzzuschlag: Hauptort des oberen Mürztales und Wintersportplatz. Pfarrkirche (17. Jh.) mit gotischem Turm und Renaissancealtar. Evangelische Kirche mit einem Altarbild von Defregger. Sehenswert ist das in Mitteleuropa einzigartige Ski- und Wintersportmuseum mit über 1000 Exponaten (geöffnet täglich außer Mo. von 9.00 bis 12.00 Uhr und von 14.00 bis 17.00 Uhr). Mürzzuschlag gilt als erster Wintersportort im Ostalpenraum (erste Skiwettkämpfe bereits 1893). Geburtsort des Turbinenerfinders Viktor Kaplan. Brahmsmuseum.

Museumseisenbahn (Höllentalbahn): 5 km lange Strecke (Spurweite 760 mm) von Payerbach nach Hirschwang mit historischen Loks und Waggons. Betrieb nur an bestimmten Wochenenden im Sommer. Auskunft: Fremdenverkehrsamt Payerbach, A-2650 Payerbach, Tel. 02666/2644.

Naßwald: In einem Seitental der Schwarza, am Fuß von Rax und Schneealpe gelegenes, zu Schwarzau gehörendes Dorf. Die evangelische Gemeinde wurde im 17. Jh. von Holzknechten aus Gosau (Salzkammergut) gegründet. Heimat von Georg Hubmer, dem berühmten »Raxkönig« (Gedenkstätte).

Nationalpark Neusiedler See-Seewinkel: Grenzüberschreitender Nationalpark in Planung.

Naturparks: Schwarzau im Gebirge, Türkensturz, Hohe Wand, Sparbach (bei Hinterbrühl), Sierningtal (Grünbacher Berge) und Laxenburger Schloßpark.

Naturreservate des World Wildlife Fund: Seewinkel-Lange Lacke, Hunsheimer Berge, Pischelsdorfer Wiesen.

Neuberg an der Mürz: Erholungsort mit ehemaliger Zisterzienserabtei (1327) und prachtvoller gotischer Hallenkirche (15. Jh.). Sehenswert die Sandsteinskulptur der »Neuberger Madonna« (14. Jh.), der Kreuzgang (1344) und der Kapitelsaal. Im Stiftsbereich befinden sich das Schliefsteiner Naturmuseum und (im Jagdschloß) das Museum »Kaiser Franz Joseph I. und die Jagd« (geöffnet von 1. Mai bis 31. Okt. tägl. von 10.00 bis 12.00 Uhr und von 14.00 bis 16.00 Uhr; Führungen). Ein Schaustollen am

Fuße der Arzsteinwand im Ortsbereich gibt Einblick in die Arbeit der Bergleute im Mittelalter (Besichtigung nach Vereinbarung). Internationale Neuberger Kultur- und Brahmstage.

Neusiedler See: Nach dem gleichnamigen Ort benannter 320 km² großer Steppensee, der einzige Mitteleuropas.

Pannonisches Heimatmuseum in Neusiedl am See.

Paragliding, Drachenfliegen: Fluggebiete mit eingerichteten Startplätzen finden sich am Sonnwendstein (Sessellift), auf der Hohen Wand (Gasthof Postl), am Muckenkogel (Lilienfeld) und auf der Schneealpe (Start vom Kampl; Mautstraße).

Payerbach: Um die Jahrhundertwende beliebte Sommerfrische für Adelige und Großbürger der Donaumonarchie. In einem Becken des Schwarzatales gelegen. Spätgotische Wehrkirche zum Hl. Jakob (15. Jh.). Sehenswert die noch erhaltenen Pavillons aus der Kaiserzeit, die Semmeringbahn und die Museumsbahn von Payerbach nach Hirschwang. Von dort Gondelbahn auf die Raxalpe. Schaubergwerk. Paddelboot- und Kanufahrten.

Peilstein, 716 m, bei Neuhaus. Eine der markantesten Erhebungen des Wienerwaldes. Seine bis zu 80 m hohen Westabstürze bilden das bedeutendste Klettergebiet in der näheren Umgebung Wiens. Am Gipfel das Peilsteinhaus.

Pernitz in einer Verbreitung des Piestingtales gelegen. Pfarrkirche St. Nikolaus (14. Jh.), barocke Kreuzkapelle am Kirchplatz. Sehenswert die Raimund-Villa (1820).

Pitten: Markt am Eingang in das Pittental, bereits 869 erwähnt. Schloßberg mit barockisierter Pfarrkirche (Bergkirche). Dahinter die Felsenkirche (heute Karner) mit Fresken (11. und 13. Jh.). Burg (Jagdschloß) am Schloßberg mit 140 m tiefem Brunnen.

Pottenstein: Markt bei Berndorf (Triestingtal). Schöne Wallfahrtskirche »Maria Trost im Elend« mit gotischem Chor (15. Jh.) und spätromanischem Karner (13. Jh.). Sehenswert das alte Mauthaus (16. Jh.), das Antoniusbründl, die Kapelle »Zur heiligen Katharina« im Ortsteil Farafeld sowie das Sterbehaus (Selbstmord am 5. September 1836) des Dichters Ferdinand Raimund im Ghf. »Zum goldenen Hirschen«. Triestingtalmuseum und Raimund-Gedenkstätte (im »Alten Herrenhaus«).

Puchberg am Schneeberg: Fremdenverkehrsort in einem Talbecken östlich des Schneebergs. Pfarrkirche Hl. St. Veit (1526), Ruine Puchberg (13. Jh.). Zahnradbahn (Diesel-Triebwagen »Salamander«, Dampf-Nostalgiezüge) auf den Hochschneeberg. Schneeberg-Doppelsesselbahn von Losenheim zum Fadensattel. Der Sessellift auf den Himberg (Tour 22) wurde stillgelegt. Modernes Kurmittelhaus. Kanufahren im Kurpark-Teich. Freizeitzentrum Schneeberghalle (Freibad), Konditor-Museum.

Ramsau: In einem Seitenast des Gölsentales gelegenes Dorf. Ausflüge in das Kieneck- und Unterberggebiet.

Reichenau an der Rax: Heilklimatischer Kurort an der Schwarza. Pfarrkirche (1846) im klassizistischen Stil. Altes Schloß (1645), Neues Schloß (1830), Wartholzkreuz (um 1500), Bergbaumuseum (alter Erzabbau), Natur- und Heimatmuseum.

Rosalienkapelle am Heuberg, dem höchsten Punkt des Rosaliengebirges (Tour 52). 1666 zu Ehren der Pestheiligen Rosalia erbaut.

Roseggers Waldheimat: Siehe Alpl!

Salzerbad, Kurort im Hallbachtal, einem Seitenast des Gölsentales. Der Ort besitzt die einzigen Solequellen Österreichs.

St. Corona am Schöpfl: Wallfahrtsort südlich des Schöpfls (siehe dort!). Barocke Wallfahrtskirche (1722). Sehenswert der »Heiligenbrunnen«.

St. Corona am Wechsel: Am Nordabhang des Kampstein über dem Feistritztal aussichtsreich gelegene Sommerfrische mit barocker Wallfahrtskirche (17. Jh.). Sessellift auf den Kampstein (Tour 49!) und Sommerrodelbahn.

Schneeberg-Zahnradbahn: Die schmalspurige Zahnradbahn (Diesel-Triebwagen »Salamander«, Dampf-Nostalgiezüge) von Puchberg auf den Hochschneeberg gilt neben der Schafberg- und der Achenseebahn als letzte dieser Art in Österreich. Zwischen 1895 und 1897 durch den Unternehmer L. Arnoldi erbaut. Die Bahn hat eine Spurweite von einem Meter und eine Gesamtlänge von 9.5 km. Auf dieser Strecke wird ein Höhenunterschied von 1217 m bewältigt. Die Fahrzeit mit dem Diesel-Triebwagen beträgt 55 Min., mit dem Dampf-Nostalgiezug 1 Stunde und 25 Minuten. Die Dampflock benötigt während einer Bergfahrt 600 kg Kohle und ca. 4500 Liter Wasser!

Schöpfl: Höchste Erhebung des Wienerwaldes mit Aussichtswarte und Schutzhaus. Von St. Corona am Schöpfl in 1½ Std. zu erreichen.

Schottwien: Markt und alter Fuhrwerkerort an der Semmeringstraße. Heute überragt von gewaltiger Spannbetonbrücke, mit 130 m Höhe und 650 m Länge die weltweit zweitgrößte dieser Art. Blütezeit im 18. Jh. zur Zeit der Vorspanndienste (Pferdewagen) vor dem Bau der Semmeringbahn (1854). Gotische Pfarrkirche (14. und 15. Jh.). Kutschenfahrten, Paragliding (Sonnwendstein). Ausflug nach **Klamm** mit einer auf 125 m hoher Felsklippe thronenden Burg (nicht zugänglich).

Schwarzau im Gebirge: Markt im oberen Schwarzatal. Sehenswerter Naturpark mit Wildgehege. Fisch- und Badeteich. Besuch der Hubmer-Gedächtnisstätte (»Raxkönig«) in Naßwald.

Seegrotte: Mit 6200 m² Europas größter unterirdischer See in einem aufgelassenen Gipsbergwerk in der Hinterbrühl. Ganzjährig Motorboot-Führungen von 9.00 bis 12.00 Uhr sowie zwischen 13.00 und 17.00 Uhr. Vom 1. November bis 31. März nur bis 17.00 Uhr.

Die Polleroswand über den inneren Adlitzgräben.

Seemuseum in Neusiedl am See beim Strandbad.

Segeln, Surfen an der Alten und Neuen Donau (Wien) und am Neusiedler See.

Semmering: Schon zur Zeit der Babenberger (12. Jh.) benützter Paßübergang. Die Hotelsiedlung nordöstlich der Paßhöhe avancierte erst 1919 zum Ort Semmering. Weltweite Berühmtheit brachte dem Semmering der Bau der ersten Gebirgsbahn der Welt (siehe unten!). Einst Treffpunkt der Oberschicht der Donaumonarchie. Sehenswert das Südbahnhotel, das Silbererschlößl und die neugotische Semmering-Bergkapelle (1894). Sessellift auf den Hirschenkogel (Tour 45).

Semmeringbahn: 42 km lange Bahnstrecke von Gloggnitz nach Mürzzuschlag. Zum Zeitpunkt ihrer Eröffnung am 17. Juli 1854 die einzige Gebirgseisenbahn der Welt! Der durch Erzherzog Johann angeregte Plan wurde von Carl Ritter von Ghega trotz enormer technischer Schwierigkeiten in nur sechs Jahren verwirklicht. Dabei mußten während der Bauzeit erst geeignete Lokomotiven konstruiert werden. Der Schwarza- und der Wagnergraben-Viadukt, die Galerie in der 300 m hohen Weinzettelwand, die Schlucht der Adlitzgräben, die zerklüftete Polleroswand und der Viadukt über die »Kalte Rinne« bilden Höhepunkte einer Bahnfahrt über den Semmering. Derzeit wird von den Österreichischen Bundesbahnen eine (umstrittene) direkte Tunnelverbindung zwischen den Bahnhöfen Payerbach-Reichenau und Mürzzuschlag erwogen. Nostalgiefahrten mit Dampf-Sonderzügen ab Payerbach-Reichenau.

Starhemberg, Ruine: Nördlich von Dreistetten (an der Hohen Wand), am Abhang gegen das Piestingtal gelegen. Erbaut um 1150 von Ottokar III. von Steiermark, ab 1192 im Besitz der Babenberger. Hauptstützpunkt Friedrich II., des Streitbaren. Nach 1800 Verfall. Turmkapelle (12. Jh.), im Burghof die Annenkapelle (14. Jh.).

Stixenstein, Schloß: Im Sierningtal gelegenes Stammschloß (12. Jh.) der Stüchse. Der Name Stüchsenstein wird erstmals 1343 erwähnt. 1547 kam Stixenstein an die Familie der Hoyos. 1802 durch einen Brand fast vollständig zerstört, 1843 teilweise wiederhergestellt. Seit 1864 samt den ergiebigen Quellen in der Umgebung (wurden der 1. Wiener Hochquellenwasserleitung zugeführt) im Besitz der Gemeinde Wien. Gotische Kapelle Hl. Maria Magdalena.

Stuhleck: Höchste Erhebung der Fischbacher Alpen. Von Spital her für den Skilauf erschlossen (im Sommer kein Liftbetrieb). Von dem am Gipfel stehenden Alois-Günther-Haus (18 B., 62 L., im April und November je 14 Tage geschlossen, sonst immer geöffnet) umfassende Rundsicht. Das Stuhleck kann in der schneefreien Zeit von Steinhaus am Semmering mit dem Auto erreicht werden (16 km; ab Pfaffensattel Maut).

Stuppach: Dorf nordöstlich von Gloggnitz mit einem im Verfall begriffenen Renaissanceschloß aus dem 16. Jh. Ab 1659 im Besitz der Familie Walsegg. Auf einer Fahrt nach Wien übernachtete Papst Pius VI. im Schloß, wo er den Erzbischof von Wien in einer Audienz empfing. Franz Joseph von Walsegg bestellte für seine 1791 verschiedene Gattin bei Wolfgang Amadeus Mozart das berühmte Requiem und gab es zunächst als eigene Komposition aus. Die erste Aufführung fand 1793 in der Kirche Neukloster in Wiener Neustadt statt. Im Zweiten Weltkrieg wurde das Schloß schwer beschädigt und verfällt seither.

Wartenstein, Schloß: Burg südlich über Gloggnitz. 1180 unter Hermann von Wartinsberg erbaut, diente sie im 13. Jh. zur Sicherung der Semmeringstraße. 1529 durch die Türken zerstört, 1645 teilweise Neubau durch Graf Khissel, 1809 Zerstörung durch die Franzosen, 1873 Wiedererrichtung durch Fürst Liechtenstein. Die im Zweiten Weltkrieg stark beschädigte Burg erstand in neuerer Zeit wieder in altem Glanz. Mächtiger Torturm, romanischer Bergfried, gotische Dreikönigskapelle.

Wasserleitungsmuseum Kaiserbrunn (Höllental) der Stadt Wien. Geschichte der 1. Wiener Hochquellenwasserleitung mit Wassererschließung und Verteilung der Wiener Wasserversorgung. Geöffnet vom 1. Mai bis 26. Oktober an Sonn- und Feiertagen von 10.00 bis 12.00 Uhr (ab 10 Personen Sonderführungen, Anmeldung bei der Betriebsleitung Hirschwang, Tel. 02 66 / 25 48.

Wehrkirchenstraße in der Buckligen Welt. Ausgehend vom Wehrkirchenmuseum in Edlitz (Informationsmaterial erhältlich) werden zwölf wehrhafte Kirchenanlagen an der Südostgrenze des deutschen Sprachraumes besucht. Fahrstrecke ca. 110 km.

Wiener Neustadt: Hauptort des südlichen Wiener Beckens. Durch Bombenangriffe im Zweiten Weltkrieg fast ganz zerstört. 1194 von den Babenbergern als Bollwerk gegen Ungarn gegründet (»nova civitas«), im 15. Jh. unter Friedrich III. Kaiserresidenz. Sein Sohn, Maximilian I., der »letzte Ritter«, ist hier begraben. 1752 wurde die »Theresianische Militärakademie« gegründet, die weltweit älteste bestehende Ausbildungsstelle für Offiziere. Dort findet sich in der St.-Georgs-Kirche der schönste spätgotische Kirchenraum Österreichs. Weitere Sehenswürdigkeiten sind das Rathaus (1401), die Alte Kronenapotheke (15. Jh.), der Liebfrauendom mit frühgotischem Kreuzrippengewölbe (das älteste in Österreich), der Vogelweide-Park (gotische Gedenksäule »Spinnerin am Kreuz«) und das Zisterzienserstift Neukloster. In der Stiftskirche fand 1793 die erste Aufführung des Requiems von Wolfgang Amadeus Mozart statt. In Wiener Neustadt wurde 1909 das erste Flugfeld Österreichs angelegt.

Würflach: Dorf im Osten der Grünbacher Berge. Barockisierte Pfarrkirche (18. Jh.). Zu den schönsten Sakralbauten Niederösterreichs gehört die »Kleine Kirche« (15. Jh.) neben der Pfarrkirche.

Zoologische Gärten, Wildparks: Tiergarten Schönbrunn (Wien), Lainzer Tiergarten (Wien), Safaripark Gänserndorf, Steppentierpark Pamhagen.

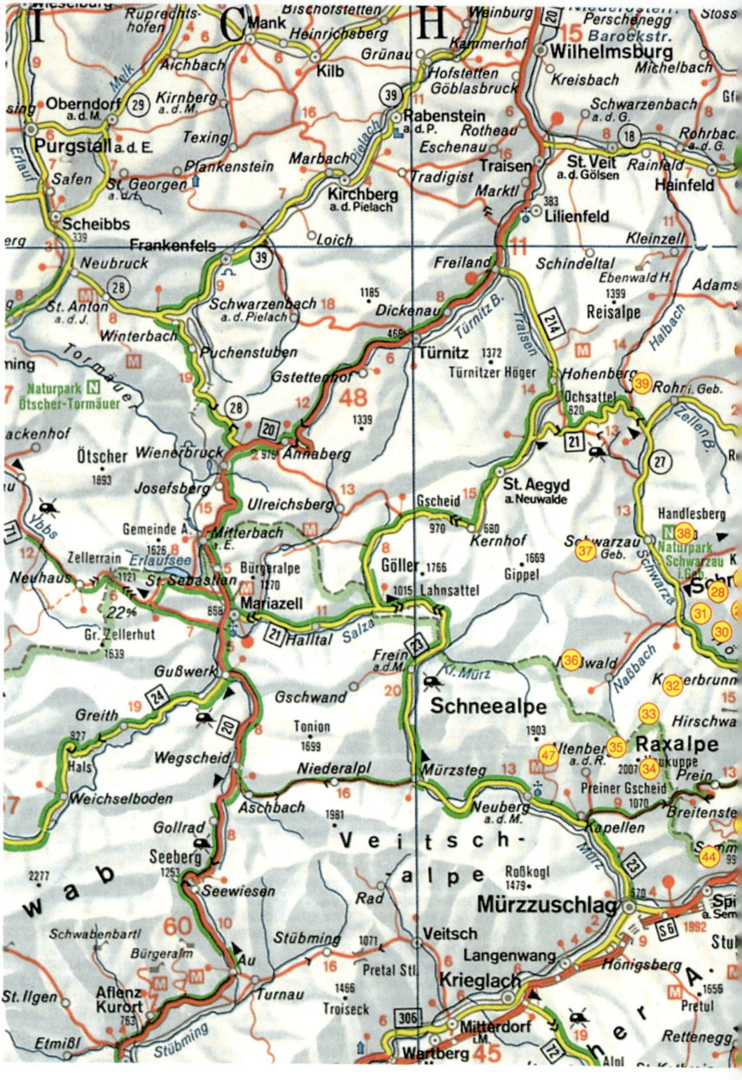

I
C
H
Ruprechtshofen
Mank
Bischofstetten
Heinrichsberg
Weinburg
Perschenegg
Barockstr.
Wilhelmsburg
Michelbach
Aichbach
Kilb
Grünau
Kammerhof
Hofstetten
Göblasbruck
Kreisbach
Melk
Oberndorf a. d. M.
Kirnberg a. d. M.
Rabenstein a. d. P.
Rotheau
Schwarzenbach a. d. G.
Rohrbach a. d. G.
Purgstall a. d. E.
Texing
Eschenau
Erlauf
Safen
Plankenstein
Marbach
Pielach
Traisen
St. Veit a. d. Gölsen
Rainfeld
Hainfeld
St. Georgen a. d. L.
Kirchberg a. d. Pielach
Tradigist
Marktl
Lilienfeld
Scheibbs
Frankenfels
Loich
Kleinzell
Neubruck
Freiland
Schindeltal
Ebenwald H.
Reisalpe
Adams
St. Anton a. d. J.
Schwarzenbach a. d. Pielach
Dickenau
Türnitz B.
Traisen
Halbach
Winterbach
Tormäuer
Puchenstuben
Türnitz
Türnitzer Höger
Hohenberg
Naturpark Ötscher-Tormäuer
Gstettenhof
Ochsattel
Rohr i. Geb.
Zellen B.
Lackenhof
Ötscher
Wienerbruck
Annaberg
Josefsberg
Ulreichsberg
Gscheid
St. Aegyd a. Neuwalde
Ybbs
Gemeinde A.
Mitterbach a. E.
Kernhof
Handlesberg
Zellerrain
Erlaufsee
Bürgeralpe
Göller
Gippel
Schwarzau i. Geb.
Naturpark Schwarzau i. Geb.
Neuhaus
St. Sebastian
Mariazell
Lahnsattel
Schwarza
Halltal
Salza
22%
Gr. Zellerhut
Frein a. d. M.
Kl. Mürz
Naßbach
Gußwerk
Gschwand
Schneealpe
Greith
Tonion
Hirschwa
Raxalpe
Hals
Wegscheid
Niederalpl
Mürzsteg
Preiner Gscheid
Prein
Weichselboden
Aschbach
Neuberg a. d. M.
Breitenste
Gollrad
Kapellen
Veitsch-alpe
Seeberg
Mürz
Roßkogl
Seewiesen
Rad
Mürzzuschlag
Schwabenbartl
Veitsch
Bürgeralm
Stübming
Langenwang
Hönigsberg
Au
Pretal Stl.
Aflenz Kurort
Turnau
Krieglach
St. Ilgen
Troiseck
Pretul
Mitterdorf i. M.
Rettenegg
Etmißl
Stübming
Wartberg
Alpl

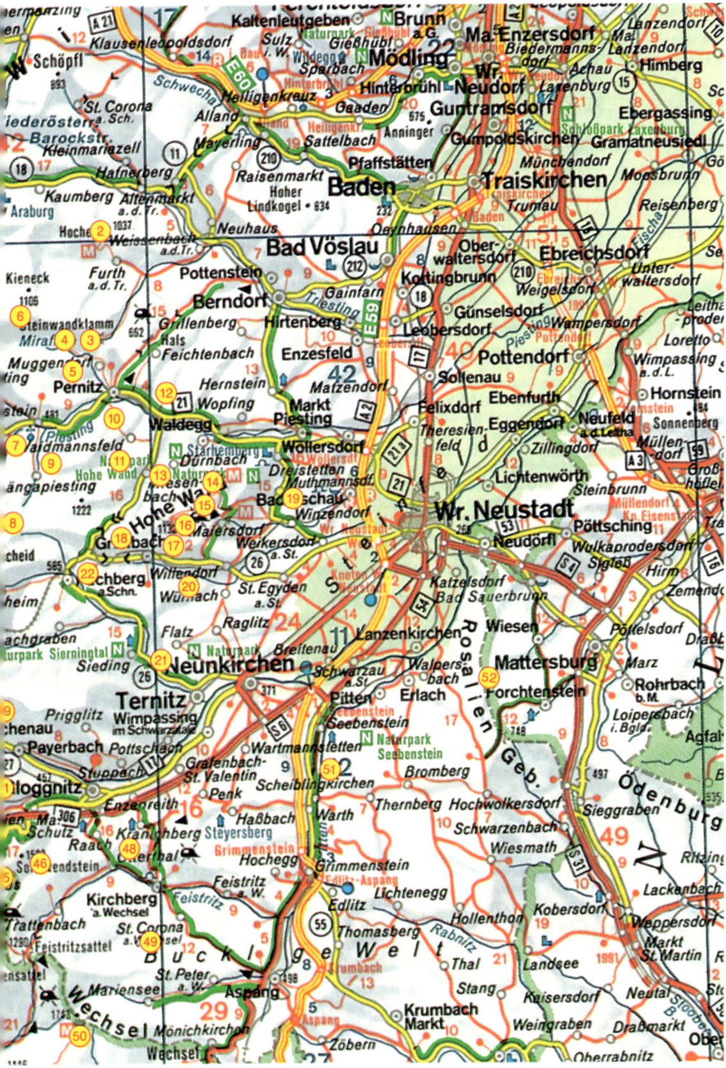
Kaltenleutgeben
Brunn a.G.
Maria Enzersdorf
Lanzendorf
Klausenleopoldsdorf
Sulz i. W.
Gießhübl
Mödling
Biedermannsdorf
Himberg
Schöpfl
Sparbach
Wr. Neudorf
Achau
Laxenburg
Heiligenkreuz
Hinterbrühl
Gaaden
Guntramsdorf
Ebergassing
St. Corona a. Sch.
Alland
Anninger
Gumpoldskirchen
Gramatneusiedl
Mayerling
Sattelbach
Kleinmariazell
Pfaffstätten
Münchendorf
Moosbrunn
Hafnerberg
Raisenmarkt
Baden
Traiskirchen
Kaumberg
Altenmarkt a.d. Tr.
Hoher Lindkogel
Trumau
Reisenberg
Araburg
Weissenbach a.d.Tr.
Neuhaus
Oeynhausen
Bad Vöslau
Oberwaltersdorf
Ebreichsdorf
Unterwaltersdorf
Kieneck
Furth a.d. Tr.
Pottenstein
Kottingbrunn
Weigelsdorf
Berndorf
Gainfarn
Triesting
Günselsdorf
Steinwandklamm
Grillenberg
Hirtenberg
Leobersdorf
Wampersdorf
Loretto
Feichtenbach
Enzesfeld
Pottendorf
Wimpassing a.d.L.
Muggendorf
Hernstein
Matzendorf
Sollenau
Pernitz
Hornstein
Wopfing
Markt Piesting
Felixdorf
Ebenfurth
Eggendorf
Neufeld a.d.Leitha
Sonnenberg
Waldegg
Theresienfeld
Zillingdorf
Müllendorf
Waidmannsfeld
Wöllersdorf
Starhemberg
Dürnbach
Dreistetten
Muthmannsdorf
Lichtenwörth
Hohe Wand
Steinbrunn
Bad Fischau
Wr. Neustadt
Winzendorf
Pöttsching
Maiersdorf
Neudörfl
Grünbach
Werkersdorf a. St.
Wulkaprodersdorf
Puchberg a.Schn.
Willendorf
Sigleß
Hirm
Würflach
St. Egyden a. St.
Katzelsdorf
Bad Sauerbrunn
Zemendorf
Raglitz
Wiesen
Flatz
Lanzenkirchen
Pöttelsdorf
Breitenau
Walpersbach
Mattersburg
Marz
Sieding
Neunkirchen
Schwarzau a. St.
Erlach
Rosalien Geb.
Forchtenstein
Rohrbach b.M.
Ternitz
Pitten
Seebenstein
Loipersbach i. Bgld.
Prigglitz
Wimpassing im Schwarzatale
Agfalva
Payerbach
Pottschach
Wartmannstetten
Naturpark Seebenstein
Gloggnitz
Stuppach
Grafenbach-St. Valentin
Bromberg
Scheiblingkirchen
Ödenburg
Penk
Thernberg
Hochwolkersdorf
Sieggraben
Enzenreith
Haßbach
Warth
Schwarzenbach
Krankhberg
Steyersberg
Wiesmath
Raach
Grimmenstein
Hochegg
Feistritz a. W.
Lichtenegg
Lackenbach
Kirchberg a. Wechsel
Edlitz
Hollenthon
Kobersdorf
Trattenbach
St. Corona a. Wechsel
Thomasberg
Weppersdorf
Feistritzsattel
Bucklige Welt
Thal
Landsee
Markt St. Martin
St. Peter a. W.
Mariensee
Aspang
Stang
Kaisersdorf
Neutal
Krumbach Markt
Weingraben
Drassmarkt
Wechsel
Mönichkirchen
Zöbern
Oberrabnitz

1 Araburg, 799 m

Ein Halbtagesausflug zur höchstgelegenen Burgruine Niederösterreichs

Kaumberg – Mayerhof – Araburg – Brennhof – Kaumberg

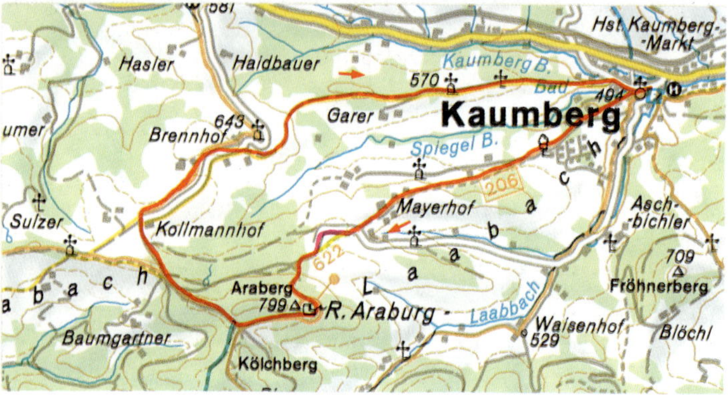

Talort: Kaumberg, 494 m. Markt und Sommerfrische im Triestingtal.
Ausgangspunkt: Hauptplatz in Kaumberg, 494 m.
Parkmöglichkeit: Im Ortsgebiet von Kaumberg.
Gehzeiten: Anstieg Kaumberg – Mayerhof – Araburg 1¼ Std., Abstieg Araburg – Brennhof – Kaumberg 1¼ Std.; Gesamtgehzeit 2½ Std.
Anforderungen: Bequeme Wanderung auf gut bez. Wegen und Straßen.
Höhenunterschied: 300 m.
Höchster Punkt: Araburg, 799 m.
Einkehrmöglichkeiten: Burgstüberl Araburg (keine Nächtigung; vom 1. April bis Allerheiligen durchgehend, sonst an Wochenenden bei Schönwetter offen; Dienstag und Mittwoch Ruhetag; stets geöffneter »Notraum« am Burgeingang mit Getränken). Gaststätten in Kaumberg.
Sehenswertes: Die Araburg mit schöner Rundsicht vom Aussichtsturm.
Hinweis: Eilige können die Ruine vom Araburg-Parkplatz (3,5 km von Kaumberg) besuchen. ¾ Std. hin und zurück.

Ein halbes Jahrtausend, vom 12. bis ins 17. Jahrhundert, trotzte die stolze Feste der Arberger feindlichen Eroberungszügen, bis sie 1683 den Türken in die Hände fiel, die sie bis auf die Grundmauern niederbrannten. Auf einem Waldhügel westlich des Hochecks (Tour 2) gelegen, wird die weithin sichtbare Ruine (im Besitz des Stiftes Lilienfeld) heute vom Österreichischen Touristenklub betreut. Die Bewirtschaftung der Burgschenke, der Ausbau des Bergfrieds zu einem Aussichtsturm (1901) und überhaupt die Erhaltung der Mauerreste sind seiner Initiative zu danken. Heute ist die Araburg ein beliebtes Ausflugsziel, zu dem ganz Bequeme auch per Auto und in kurzem Fußanstieg gelangen können.

Von **Kaumberg** die Straße zur Araburg 40 m nach Süden, dann rechts eine Stiege empor zur Pfarrkirche. Auf Fahrweg, am Friedhof vorbei, nach Südwesten hinauf zu einigen Häusern. Rechtshaltend auf Naturstraße eben weiter, dann links einen Karrenweg am Waldrand nach Südwesten aufwärts, schließlich durch Obstgärten eben zum **Mayerhof**. In Südwestrichtung zu einer Asphaltstraße und diese rechts hinauf zum **Araburg-Parkplatz** am Waldrand. Eine mit Schranke versperrte Forststraße in Südrichtung aufwärts zur Linksabzweigung eines rot und grün bezeichneten Karrenweges. Diesen über einen steilen Waldhang nach Süden hoch zum Sattel am Rücken östlich der Araburg (von der Anhöhe links schöner Burgblick!). Jenseits unter der südlichen Burgmauer entlang nach rechts zum Eingang in die **Araburg**, 799 m.
Abstieg: Eine Waldstraße (»Ingenieur-Josef-Lux-Weg«) nach Westen hinab zu einem Sattel (Verzweigungspunkt). Rechts auf Naturstraße durch Wald nach Nordwesten abwärts, später auf Fußweg zu querender Straße am Waldrand. Diese über Wiesen nach rechts hinab zum **Kollmannhof** und weiter zum **Brennhof**, 643 m. Die Straße hinunter zu einer Linkskurve. Dort auf gelb bezeichnetem Fahrweg geradeaus abwärts zu einem Wiesensattel. Einem Geländerücken folgend durch Wald und über Wiesen nach Osten, schließlich auf Asphaltstraße abwärts nach **Kaumberg**.

Die Araburg von Osten.

2 Hocheck, 1037 m

Beliebtes Wochenendziel mit phänomenaler Gipfelparade

Altenmarkt – Wieshofer Steig – Hocheck – Matrasweg – Altenmarkt

Talort: Altenmarkt, 410 m, im Triestingtal.
Ausgangspunkt: Ortszentrum von Altenmarkt, 410 m.
Parkmöglichkeit: Parkplätze im Ortsgebiet von Altenmarkt.
Gehzeiten: Anstieg Altenmarkt – Hocheck 2 – 2¼ Std., Abstieg Hocheck – Altenmarkt 1¾ – 2 Std.; Gesamtgehzeit 3¾ – 4¼ Std.
Anforderungen: Leichte Tour. Wegen der geringen Steigung kaum anstrengend. Mit Ausnahme des letzten Abschnitts gut bez. Wege und Forststraßen.
Höhenunterschiede: 630 m im Anstieg und Abstieg.
Höchster Punkt: Hocheck, 1037 m.
Einkehrmöglichkeit: Schutzhaus Hocheck (18 B., 22 L., 10 Notlager; ganzj. offen, Freitag Ruhetag).
Sehenswertes: Die Rundsicht von der Meyringer-Warte am Hocheck.
Hinweis: Man kann das Hocheck auch per Auto über eine Mautstraße vom südlich gelegenen Ort Furth erreichen. 6,5 km von Furth.

»Am Samstag um Mittag wird alls/ zum Weekend fertig g'macht.
Dann blädern wir so von Hernals/ bis ins Gesäus – doch allenfalls
bis Purkersdorf, daß 's kracht.«

Nichts könnte die allwöchentliche Stadtflucht, den Aufbruch in die Wander- und Erholungsreservoirs rings um Wien treffender charakterisieren als diese Verse Josef Weinhebers. Eine Autostunde und man ist mitten im schönsten Wandergebiet, wo sich Streß und Alltagssorgen in Windeseile verflüchtigen. Auch das Hocheck gehört zu den bevorzugten Ausflugszielen.

Die Meyringer Warte (Aussichtsturm) am Gipfel des Hocheck.

Von **Altenmarkt** die Bundesstraße Nr. 18 westwärts zur Linksabzweigung einer Straße. Auf ihr (Weg Nr. 4 und 404) über Triesting und Bahn nach Süden hinauf zu querender Forststraße am Bergfuß des Hocheck und diese durch Wald rechts (W) zum »Heimkehrer-Brünnl«. Dort rechts auf dem **»Hans-Wieshofer-Steig«** wieder zur Straße. Auf ihr zu einer Verzweigung und auf Fußweg links aufwärts zu einer Lichtung mit Forststraße. Die Straße, am »Wildenauer-Brunnen« vorbei, in Kehren links (S) hinauf zum Sattel am Ostkamm des **Hocheck**. Dort den querenden Fahrweg rechts empor zum **Gipfel** (1037 m, Schutzhütte). Zurück zum Sattel am Ostkamm und dort den Karrenweg Nr. 448 gerade weiter, später die **Mittagskogel-Südwiese** queren und durch Wald zu einer Verzweigung. Den gelb bez. Karrenweg (**»Matrasweg«**) geradefort, dann abwärts in einen Sattel. Steil hinauf zum **Kienberg**, ca. 850 m, und den Rücken abwärts zu einer Schulter, an der sich der Weg auf die rechte Seite des Kammes wendet. Links ab (keine Tafel!) und im steilen Wald weglos 30 Höhenmeter nach Norden hinab zu unbez. Forststraße. Auf ihr abwärts in einen Graben, der eben ausgegangen wird. An den Hängen des Gemeindeberges nach Norden, dann in weiter Linksschleife westwärts bergab in das Triestingtal und dort zu Verzweigung. Rechts hinab zur Haltestelle Altenmarkt der Triestingtalbahn. Auf Asphaltstraße nordwärts zur Bundesstraße 18, auf ihr links nach **Altenmarkt**.

3 Steinwandklamm, Deckersteig, Türkenloch

Felsen, Föhren und viel Luft unter den Füßen

Parkplatz – Steinwandklamm – Rudolf-Decker-Steig – Türkenloch – Kreuthsattel

Talorte: Weißenbach, 362 m. Sommerfrische im Triestingtal. Furth, 422 m, in einem Seitental westlich von Weißenbach gelegen.
Ausgangspunkt, Parkmöglichkeit: Parkplatz, 549 m, am Ende der Straße durch den Steinwandgraben, 10 km ab Weißenbach, 6 km ab Furth.
Gehzeiten: Parkplatz – Kreuthsattel 1 – 1¼ Std., zurück ½ Std.; Gesamtgehzeit 1½ – 1¾ Std.
Anforderungen: Unschwieriger, aber steiler und etwas ausgesetzter Anstieg. Die luftige 15-Meter-Leiter kann problemlos umgangen werden. Bergerfahrung ist nötig!
Höhenunterschiede: 250 m im An- und Abstieg.
Höchster Punkt: Anhöhe nordwestlich über dem Kreuthsattel, 750 m.
Einkehrmöglichkeiten: Jausenstation Reischer (keine Nächtigung, ganzj. offen; Montag Ruhetag), Ghf. Jagasitz (8 B., vom 1. bis 15. Juli geschlossen, sonst offen; Freitag Ruhetag), Ghf. Almesbrunnberg (24 B., ganzj. an Wochenenden und Feiertagen geöffnet).
Sehenswertes: Die großartige Steinwandklamm. Die eindrucksvollen Passagen (15-Meter-Leiter, Wildschützenlöcher, Türkenloch) am Rudolf-Decker-Steig. Der Blick vom Kreuthsattel zum Schneeberg.

Der bei Furth (Triestingtal) nach Süden abzweigende Steinwandgraben birgt im rückwärtigen Abschnitt das Felswunder der Steinwandklamm. Besondere Aufmerksamkeit verdient dort die linke, südliche Begrenzungsflanke. Mit ihren Schächten und Höhlen wird die Wand durch den gesicherten Rudolf-Decker-Steig erschlossen. Zu den Höhepunkten des Durchstieges gehören eine 15-Meter hohe senkrechte Leiter, die originellen Wildschützenlöcher und das gewundene, finstere Türkenloch. Bergerfahrung und etwas Mut sind bei dieser an sich unschwierigen Tour Voraussetzung.
Vom **Parkplatz** hinab zum Bach und neben ihm linkshaltend talein zum Beginn der **Steinwandklamm** (Mautstelle, Spendenkasse). Durch sie über Holzstege und -treppen aufwärts zur Linksabzweigung des **Rudolf-Decker-Steiges**. Diesen über eine 4 m hohe Eisenleiter, dann durch eine Rinne, schließlich über eine senkrechte Wand auf 15 m hoher Eisenleiter (kann links über eine kürzere Leiter problemlos umgangen werden) ausgesetzt empor in die geräumige Höhle der **»Wildschützenlöcher«**. Aus ihr

Die große Leiter am Rudolf-Decker-Steig.

nach links heraus und über geglätteten Fels hinab auf ein Band. Durch ein weiteres Loch (Eisenleiter) 3 m aufwärts, dann durch Felstunnel und einen 5 m hohen Kamin (Eisenleiter) in bewaldetes Gelände. Oberhalb der soeben durchstiegenen Wand nach rechts zur **»Brammertzrast«** queren, dann um eine Bergkante nach links herum zu querendem Weg. Auf ihm links empor in das **»Türkenloch«**. Durch die 20 m lange Höhle (Drahtseil, Treppen) aufwärts und hinaus auf ein luftiges Band hoch über der Klamm. Nun nach Süden empor in bewaldetes Terrain und dort einen Fahrweg nach links (SO) abwärts zum **Ghf. Jagasitz** am **Kreuthsattel**, 710 m.
Abstieg: Zurück zur Verzweigung nach dem **Türkenloch**. Dort den breiten Weg geradeaus abwärts in die **Steinwandklamm**. Durch sie zurück zum **Parkplatz**.

4 Almesbrunnberg, 1079 m

Gehschule von Wiens Bergsteiger-Nachwuchs

Parkplatz – Steinwandklamm – Almesbrunnberg – Kreuthsattel – Steinwandklamm – Parkplatz

Talorte, Ausgangspunkt, Parkmöglichkeit: Siehe Tour 3.

Gehzeiten: Parkplatz im Steinwandgraben – Almesbrunnberg 1¾ – 2 Std., Almesbrunnberg – Kreuthsattel ¾ Std., Kreuthsattel – Parkplatz ½ Std.; Gesamtgehzeit 3 – 3¼ Std.

Anforderungen: Einfache Wanderung, jedoch Trittsicherheit nötig.

Höhenunterschiede: 570 m im An- und Abstieg.

Höchster Punkt: Almesbrunnberg, 1079 m.

Einkehrmöglichkeiten: Jausenstation Reischer (keine Nächtigung, ganzj. offen; Montag Ruhetag), Ghf. Jagasitz (8 B.; vom 1. bis 15. Juli geschlossen, sonst offen; Freitag Ruhetag), Ghf. Almesbrunnberg (24 B.; ganzj. an Wochenenden und Feiertagen geöffnet).

Sehenswertes: Die großartige Steinwandklamm. Der Schneebergblick vom Kreuthsattel. Das merkwürdig gewundene, finstere Türkenloch.

Hinweis: Vom bewaldeten Gipfel des Almesbrunnberges keine Rundsicht.

Im Bereich der Steinwandklamm gibt es neben dem exponierten Rudolf-Decker-Steig (Tour 3) auch völlig harmlose Ziele. Etwa den Almesbrunnberg, der als »Luginsland« wegen starker Bewaldung zwar keine Lorbeeren verdient, sich aber sonst zum Wandern hervorragend eignet. Mit Anstieg durch die Steinwandklamm und Rückweg über den Kreuthsattel ergibt das eine unterhaltsame Rundtour, die einem die ganze Romantik der »Gutensteiner Landschaft« offenbart.

Vom **Parkplatz** auf bez. Weg hinab zum Bach und neben ihm linkshaltend talein zum Beginn der **Steinwandklamm** (Mautstelle, Spendenkasse).

Anstieg durch die romantische Steinwandklamm.

Durch sie über Holzstege und -treppen aufwärts zur Linksabzweigung des **Rudolf-Decker-Steiges**. Durch die Klamm weiter, bis sie in einen Waldgraben ausläuft. Diesen in Nordwestrichtung zu den verfallenen Häusern der »**Klause**«. Dort eine Forststraße nach rechts (NO) empor zur Wiesenschulter bei den »**Berghäusern**«, 795 m. Links den bez. Karrenweg durch Wald in Nordwestrichtung aufwärts zu querender Forststraße. Diese 50 m nach links, dann rechts ab und auf Fahrweg im weiten Linksbogen durch Wald und über Wiesen nach Süden zu einer Verzweigung. Geradeaus den bez. Fußweg über eine Wiese zu einem Sattel (980 m, Hochstand) empor. Dort auf unbez. Steigspuren durch Wiesen und Wald nach rechts hinauf zum Gipfel des **Almesbrunnberges**, 1079 m.
Zurück zum Sattel und dort den bez. Karrenweg über Wiesen und durch Wald nach rechts an den Südostrücken des Almesbrunnberges. Den Rükken steil hinab zu einer Naturstraße und diese über Wiesen eben nach links (O) zum **Ghf. Jagasitz** am **Kreuthsattel**, 710 m. Hinter dem Gasthof auf bez. Weg durch Wald nach Nordwesten aufwärts, später abwärts zu einer Teilung. Rechtshaltend zum Steilabfall gegen die Steinwandklamm und dort einen Felsrücken hinab, dann links durch das gewundene »**Türkenloch**« (Drahtseil, Treppen) hinunter zu einer Verzweigung. Dort geradeaus abwärts in die **Steinwandklamm** und durch sie zurück zum **Parkplatz**.

5 Mirafälle, Hausstein und Kreuthsattel

Ein Landschaftsjuwel bei Muggendorf

Parkplatz – Mirafälle – Kreuthsattel – Hausstein – Parkplatz

Talorte: Pernitz, 430 m, Markt im Piestingtal. Muggendorf, 450 m, bei Pernitz, im Süden der Mirafälle gelegen.
Ausgangspunkt, Parkmöglichkeit: Parkplatz Mirafälle (475 m) beim Wasser-Sammelbecken am Eingang in die Miraklamm, 250 m nördlich von Muggendorf.
Gehzeiten: Parkplatz – Mirafälle – Kreuthsattel 1 Std., Kreuthsattel – Hausstein – Parkplatz 1½ Std.; Gesamtgehzeit 2½ Std.
Anforderungen: Leichte Wanderung auf bez. Wegen.
Höhenunterschiede: 340 m im An- und Abstieg.
Höchster Punkt: Kreuthsattel, 710 m.
Einkehrmöglichkeiten: Mirastube (keine Nächtigung; im April an Wochenenden und Feiertagen, von Mai bis Oktober durchgehend zwischen 09.00 und 17.00 Uhr geöffnet; Montag und Freitag Ruhetag), Ghf. Jagasitz (8 B., vom 1. bis 15. Juli geschlossen, sonst geöffnet; Freitag Ruhetag), Ghf. Almesbrunnberg (24 B., ganzj. an Wochenenden und Feiertagen geöffnet), Ghf. Karnerwirt (21 B., von Ostern bis Allerheiligen durchgehend, sonst an Wochenenden und Feiertagen geöffnet; Dienstag und Mittwoch Ruhetag).
Sehenswertes: Die malerischen Mirafälle. Der Ausblick vom Kreuthsattel zum Schneeberg. Die Rundsicht vom Gipfel des Hausstein.

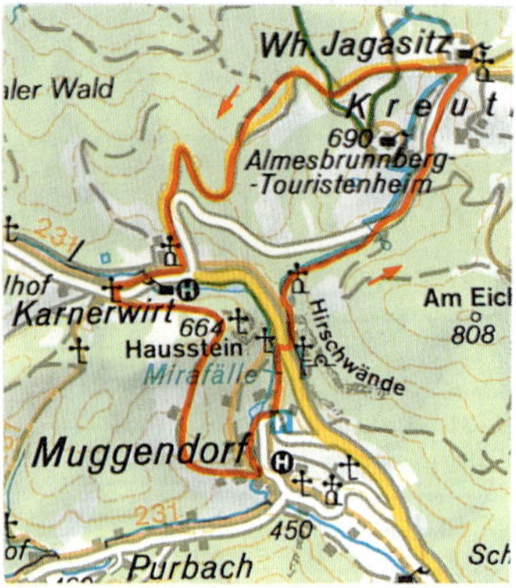

Es gibt wohl keinen Wiener, der nicht schon als Kind Bekanntschaft mit den Mirafällen gemacht hätte. Trotz Kraftwerk und Miratalstraße hat dieses Kleinod in den Gutensteiner Alpen seine Anziehungskraft bewahrt. Wir begnügen uns nicht mit seinem Besuch, sondern steigen noch weiter gegen den Kreuthsattel empor, wo uns ein unerwartet schöner Schneebergblick zuteil wird. Auch der Rückweg über Karnerwirt und Hausstein hat seine Reize und bildet den erlebnisreichen Ausklang der kleinen Rundwanderung.
Vom **Parkplatz Mirafälle** nordwärts über den Bach zur Mirastube und weiter zum Klamm-Eingang (Kassa, Quellen). Dort auf bez. Weg über Holzstiegen und -stege, die Mira mehrmals traversierend, zwischen Felsblöcken aufwärts und nach rechts zur Straße. Diese 130 m nach rechts (!), dann links (Holzkreuz) den Weg Nr. 231 unter den Hirschwänden im Wald steil nach Norden hoch, später durch einen Graben, schließlich auf Asphaltstraße über Wiesen hinauf zum **Kreuthsattel**, 710 m, mit dem **Ghf. Jagasitz**.

Am Eingang in die Miraklamm. Darüber der Hausstein.

Auf unbez. Naturstraße über Wiesen eben nach Westen, dann durch Wald in Südrichtung hinunter zur Straße im Tal der Mira. Die Straße 50 m nach rechts zum **Ghf. Karnerwirt**, 570 m, und noch 200 m weiter, dann links ab und einen begrünten Fahrweg über Wiesen in Ostrichtung aufwärts zu einem Sattel. Dort am Oberrand einer Wiese geradeaus weiter, später durch Wald steil nach Osten empor und nach rechts zum Gipfel des **Hausstein** (664 m, Holzkreuz).
Zurück zum erwähnten Sattel. Bei einer Bank links den bez. Steig im Wald nach Süden hinunter, dann Querung nach rechts zu einer Schulter. Weiterhin durch Wald in Südrichtung abwärts, später auf Fahrweg im Linksbogen nach **Muggendorf**. Dort links ab und auf Straße nordwärts zum Wasser-Sammelbecken (Mirastube) beim **Parkplatz**.

6 Kieneck, 1107 m

Lange Kammwanderung auf einen populären Wiener Hausberg

Thal – Enziansteig – Kieneck – Atzsattel – Weidengraben – Thal

Talorte: Pernitz, 430 m, im Piestingtal. Thal, 595 m, im Miratal.
Ausgangspunkt: Ghf. Leitner, 595 m, in Thal, 6 km von Pernitz.
Parkmöglichkeit: Ghf. Leitner in Thal.
Gehzeiten: Thal – Enziansteig – Kieneck 2 – 2½ Std., Kieneck – Atzsattel 1¼ Std., Atzsattel – Thal 1¼ Std.; Gesamtgehzeit 4½ – 5 Std.
Anforderungen: Lange, anstrengende, aber leichte Wanderung. Gut bez. Wege.
Höhenunterschied: 750 m.
Höchster Punkt: Kieneck, 1107 m.
Einkehrmöglichkeiten: Ghf. Leitner (34 B., im November geschlossen, sonst immer offen), Enzianhütte (10 B., 24 L.; vom 1. April bis 15. Nov. geöffnet, Montag und Dienstag Ruhetag).
Sehenswürdigkeiten: Die am Gipfel des Kieneck neben einer schönen Holzkapelle stehende Enzianhütte mit Blick zu den Kalkhochalpen.

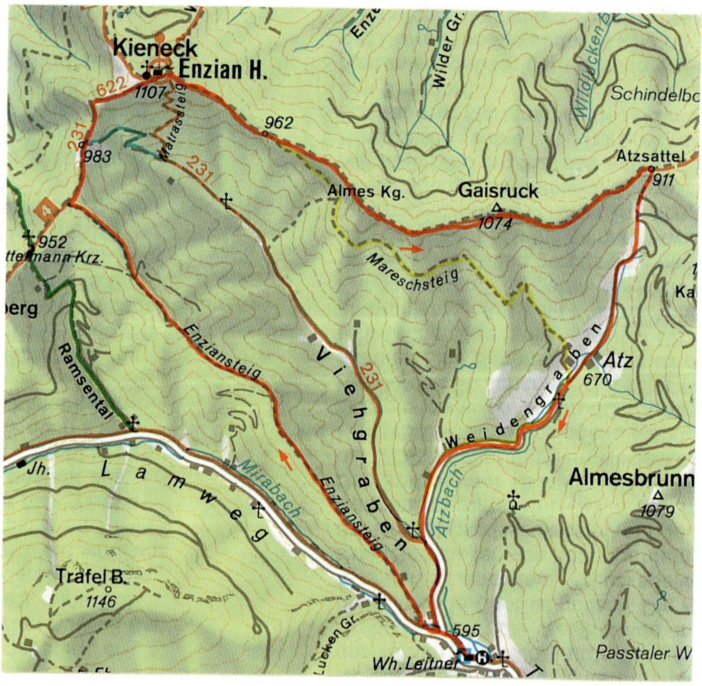

Die Enzianhütte am Gipfel des Kieneck.

Mit Hocheck, Reisalpe und Unterberg gehört das Kieneck zu den markantesten Erhebungen der Gutensteiner Alpen. Daß diese Gipfel Schutzhäuser tragen, unterstreicht ihre Bedeutung als leicht erreichbare Tourenziele. Die Überschreitung des dicht bewaldeten Kieneckmassivs bringt in erster Linie dem naturliebenden Wanderer genußreiche Stunden, denn in punkto Rundsicht gebührt die Krone fraglos dem etwas höheren Unterberg.
Vom **Ghf. Leitner** in **Thal** die Straße durch das **Miratal** einwärts zur Ortsendetafel bei der Mirabrücke. Gleich nach ihr rechts ab und den bez. **Enziansteig** über einen ausgeprägten Waldrücken (trennt Miratal und Viehgraben) in Nordwestrichtung aufwärts zu licht bewaldeter Höhe, ca. 1020 m. Hinab in einen Sattel, dann auf Karrenweg sanft aufwärts zu einer Erhebung (ca. 1060 m) am Höhenrücken Kieneck–Unterberg. Jenseits hinab zu querendem Fahrweg (Nr. 4, 404 und 622) und diesen nach rechts (N) abwärts zum **Kirchwaldsattel** (983 m, Kruzifix). Den Fahrweg im Wald nach Norden hoch, dann über schöne Wiesen am Kamm empor zur **Enzianhütte** am Gipfel des **Kieneck**, 1107 m. Den bez. Weg am bewaldeten Südostrücken des Berges anfangs sanft, dann steil hinunter in einen Sattel (962 m) und jenseits empor zum Gipfel des **Almeskogel**, ca. 1060 m. Am schmalen Waldkamm ostwärts eben weiter, dann hinauf zum **Gaisruck** (1074 m; schöne Rundsicht!) und jenseits den Rücken hinab zum grasigen **Atzsattel**, 911 m. Rechts durch einen Graben über Wiesen weglos nach Süden hinunter zu einer Naturstraße. Die Kehren der Straße abkürzend hinab in den Weidengraben und dort die Straße über Wiesen sanft abwärts zu den Höfen von **Atz**, 670 m. Nun auf Asphaltstraße den Graben in langer Wanderung fast eben talaus zum **Ghf. Leitner** in **Thal**.

7 Mariahilfberg, Residenzberg-Runde

Idyllisch gelegener Wallfahrtsort inmitten der Gutensteiner Alpen

Gutenstein – Mariahilfberg – Residenzberg-Runde – Längapiestingtal – Gutenstein

Talort: Gutenstein, 481 m. Sommerfrische im inneren Piestingtal.
Ausgangspunkt, Parkmöglichkeit: Ortszentrum (Kirche) von Gutenstein. Parkplätze nahe der Kirche.
Gehzeiten: Anstieg Gutenstein – Mariahilfberg ¾ Std., Residenzberg-Runde ¾ – 1 Std., Rückweg Mariahilfberg – Längapiestingtal – Gutenstein 1 Std.; Gesamtgehzeit 2½ – 2¾ Std.
Anforderungen: Einfache Wanderung auf nicht immer gut bez. Wegen.
Höhenunterschiede: 300 m im An- und Abstieg.
Höchster Punkt: Wegstelle, ca. 770 m, an der Residenzberg-Runde.
Einkehrmöglichkeiten: Gasthöfe in Gutenstein und am Mariahilfberg.
Sehenswertes: Die barocke Wallfahrtskirche Mariahilfberg (17. Jh.) mit angebautem Servitenkloster. Die Ausblicke vom Residenzberg-Rundweg in das innere Piestingtal und zum Schneeberg.

Hinweis: Der Mariahilfberg kann von Gutenstein auch mit dem Auto erreicht werden, 3 km.

Böse Zungen behaupten, der Ruhm Gutensteins als attraktive Sommerfrische nahe Wien sei verblaßt, längst vorbei. Da ist sicher etwas Wahres dran, denn wer heute einen der Wanderwege rings um den Ort begeht, trifft immer wieder Zeichen des Verfalls. Doch gibt es auch Winkel, die ihren einstigen Ruf bewahrt haben. Etwa der Mariahilfberg und seine berühmte Wallfahrtskirche oder die nach wie vor beliebte Residenzberg-Runde mit ihren vielen kleinen Sehenswürdigkeiten.

Anstieg: Von der Kirche in **Gutenstein** über die Piesting zur Volksschule. Dort nach links (O) zur Rechtsabzweigung der Straße in das Längapiestingtal. Auf ihr sogleich zur Weggabelung bei schönem Holzkreuz. Auf bez. Fußweg (Nr. 231), an Kreuzwegstationen vorbei, durch Wald nach Südwesten hinauf zu dem am Wiesensattel vor dem Residenzberg gelegenen Wallfahrtsort **Mariahilfberg**, 708 m.

Residenzberg-Runde: Von der Wallfahrtskirche auf Promenadenweg, an großen gemauerten Kreuzwegstationen vorbei, quer durch die bewaldete Südflanke des Residenzberges eben nach Südwesten zum **»Heiligen**

Grab« (14. Station). Zurück zur 8. Station, dort nach links hinauf zu einer Schulter (nach links zum nahen **»Raimundsitz«**) und unter einem Felsgrat nach rechts empor an den Südwestkamm des Residenzberges mit der **»Siebenväterkapelle«**. Jenseits in die Nordseite und dort unter den Wänden entlang durch Wald (Rechtsabzweigung zur **»Peregrinihöhle«** mit der **»Einsiedlerklause«**) eben zum **»Marktblick«** auf Gutenstein. Nun auf Fahrweg nach rechts (S) hinab nach **Mariahilfberg**.
Rückweg: Vom Großparkplatz am **Mariahilfberg** auf breitem Weg (»Naturlehrpfad«) einen Waldrücken nach Südwesten zu einer Verzweigung (nach rechts zur nahen **»Magdalenengrotte«**). Links einen unbez. Weg (»Fitness-Parcour«) durch Wald abwärts, dann nach rechts (S) hinunter in den **Schaftersbachgraben**. Dort den querenden Fahrweg talaus zur Asphaltstraße im Längepiestingtal und diese in Nordrichtung nach **Gutenstein**.

Die barocke Wallfahrtskirche Mariahilfberg.

8 Um Schober und Öhler

Wanderfreuden zwischen Piesting- und Sierningtal

Zinsensteinerhof – Schoberkapelle – Öhler-Schutzhaus – Zinsensteinerhof

Talort: Gutenstein, 481 m. Sommerfrische am Oberlauf der Piesting.
Ausgangspunkt, Parkmöglichkeit: Zinsensteinerhof, 587 m, im inneren Längapiestingtal, 5 km von Gutenstein. Kleiner Parkplatz.
Gehzeiten: Zinsensteinerhof – Schoberkapelle 1¼ – 1½ Std., Schoberkapelle – Öhler-Schutzhaus 1 – 1¼ Std., Abstieg Öhler-Schutzhaus – Zinsensteinerhof ¾ Std.; Gesamtgehzeit 3 – 3½ Std.
Anforderungen: Leichte Wanderung. Meist gut bez. Wege und Straßen.
Höhenunterschiede: 600 m im An- und Abstieg.
Höchster Punkt: Öhler-Schutzhaus am Öhlersattel, 1027 m.
Einkehrmöglichkeiten: Öhler-Schutzhaus (40 L.; von Ostern bis 31. Okt. an Wochenenden und Feiertagen offen). Die Schoberhütte ist geschlossen.
Sehenswertes: Von der Schoberkapelle und vom Öhler-Schutzhaus prächtiger Schneebergblick. Vom Öhlerkreuz eindrucksvolle Schau in das Längapiestingtal und zu den Gutensteiner Alpen.
Hinweis: Schober und Öhler können von der Schoberkapelle auf unbez. Steig überschritten werden, 1½ – 2 Std. bis zum Öhlersattel.

Ohne eigenes Fahrzeug kommt man gar nicht so leicht zum Zinsensteinerhof im inneren Längapiestingtal, wo unsere Wanderung beginnt und endet. Die beiden Waldkegel des Schober und Öhler gehören zwar noch zum Massiv der Dürren Wand, man bewegt sich aber schon im Nahbereich des Schneeberges, dessen mächtigen Flanken man bei der malerischen Schoberkapelle erstmals gegenübersteht. Dann geht es an der Sierningtalseite

Das Schneeberg-Massiv von der Schoberalm.

weiter zum Öhler-Schutzhaus, wo wir uns eine kräftige Brotzeit verdient haben. Ein problemloser Rückweg ins Längapiestingtal beschließt das Unternehmen.

Vom **Zinsensteinerhof** auf Forststraße das **Längapiestingtal** nach Südwesten talein zu einer Verzweigung. Am linken Rand einer Wiese hoch, später einen Hohlweg westwärts empor zum **Gobenzsattel**, 750 m. Jenseits links einer schmalen Wiese hinab zu einer Forststraße. Von ihr sogleich links ab und auf dem **»Diebssteig«** durch Wald auf und ab nach Südwesten, später links in den **Schwarzgraben**. Dort an bewaldeten Hängen entlang nach Süden aufwärts zum Südwestrücken des Schober und jenseits zur **Schober- alm** mit der **Schoberkapelle**, 961 m. Auf Fahrweg in Südrichtung weiter zu einer Verzweigung. Linkshaltend die Straße über Wiesen (Rechtsabzweigung zur **Schoberhütte**) nach Osten hinab zur nächsten Teilung am Waldrand. Auch dort links und nun quer durch die bewaldete Südflanke des Schober, später auf bez. Steig (**»Imitzerweg«**, Nr. 231) unter den felsigen Südabstürzen des Öhler aufwärts zum **Öhlersattel** mit dem **Öhler-Schutzhaus**, 1027 m. Auf blau bez. Karrenweg eben in die bewaldete Nordflanke der Dürren Wand hinein und dort zum **Öhlerkreuz**. In Nordostrichtung weiter abwärts, später in Kehren steil nach Norden hinunter zu den Wiesen beim Hof **Öhlersimmerl**. Linkshaltend hinab zum **Hödlbauer** und auf Straße durch einen Graben zurück zum **Zinsensteinerhof**.

9 Großer Neukogel, 1053 m

Beglückendes Naturerlebnis trotz fehlender Gipfelschau

Gutenstein – Vorderbruck – Großer Neukogel

Talort: Gutenstein, 481 m. Sommerfrische am Oberlauf der Piesting.
Ausgangspunkt, Parkmöglichkeit: Die Kirche im Ortszentrum von Gutenstein. Parkplätze.
Gehzeiten: Gutenstein – Großer Neukogel 1¾ – 2 Std., retour 1¼ Std.; Gesamtgehzeit 3 – 3¼ Std.
Anforderungen: Leichte Bergtour. Steiler, gut bezeichneter, im oberen Teil etwas verwachsener Steig.
Höhenunterschiede: 600 m im An- und Abstieg.
Höchster Punkt: Großer Neukogel, 1053 m.
Einkehrmöglichkeiten: Gasthöfe in Gutenstein. Unterwegs keine Einkehr!
Sehenswertes: Die Ausblicke unterwegs zu den Gutensteiner Alpen mit dem Mariahilfberg im Nordwesten. Das Grab des Volksdichters Ferdinand Raimund in Gutenstein.

Von Gutenstein führt ein bestens markierter, steiler Jagdsteig auf die dicht bewaldete Höhe des Großen Neukogels. Bezeichnenderweise auf einen Gipfel ohne jede Rundsicht, denn das Gebiet gilt als streng gehütetes Forst- und Jagdrevier. Trotzdem ist eine Besteigung des Berges lohnend, entschädigen doch der abwechslungsreiche Anstieg, die von diversen Lichtungen gebotenen Ausblicke zur malerischen Gutensteiner Landschaft und eine noch intakte Natur überreichlich!

Im Anstieg zum Großen Neukogel.

Von der Kirche in **Gutenstein** über die Piesting zur Volksschule. Dort die querende Straße am Bach entlang nach links (O) und, an der Rechtsabzweigung in das Längapiestingtal vorbei, zum **Schloß Gutenstein**. Weiter durch die Lorbeergasse zum Ortsteil **Vorderbruck**, wo 40 m vor der Piestingbrücke der grün bez. Steig auf den Großen Neukogel rechts abzweigt. Den Serpentinensteig über den bewaldeten Nordrücken des Berges aufwärts zu einer Quellfassung und steil weiter zu einer Anhöhe. Etwas abwärts, dann einige Kammerhebungen rechts umgehend, eben zu kleiner Felskanzel (Blick zum Mariahilfberg) und in einen Sattel. In der Westseite des Kammes durch Föhrenwald zu einer Wiese empor und weiter zu aussichtsreicher Lichtung am steilen Kamm (Blick auf Jochart, Unterberg, Kieneck, Hocheck, Almesbrunnberg und Hohen Mandling; Tiefblick auf Gutenstein und zum Mariahilfberg). Im Fichtenwald empor zu einem Vorgipfel, 904 m. Nun den Waldkamm in Ostrichtung etwas abwärts, dann hinauf zu baumfreier Anhöhe (schöne Aussicht) und in den Sattel vor dem Hauptgipfel. Auf bez. Steig in Südostrichtung ziemlich steil empor zum flachen Gipfelkamm und diesen südwärts zum bewaldeten höchsten Punkt des **Großen Neukogels**, 1053 m. **Abstieg** auf gleichem Wege.

10 Großer Kitzberg, 771 m

Bescheidener Waldberg an der Piestingtalenge

Reichental – Alpenfreundehaus – Großer Kitzberg – Pernitz

Talorte: Reichental, 401 m, an der Mündung des Miesenbachtales in das Piestingtal. Pernitz, 430 m, im Piestingtal gelegener Markt.
Ausgangspunkt, Parkmöglichkeit: Bhf. Miesenbach-Waidmannsfeld, 401 m, der Piestingtalbahn in Reichental. Parkplatz.
Gehzeiten: Anstieg Reichental – Großer Kitzberg 1½ Std., Abstieg Gr. Kitzberg – Pernitz 1 Std.; Gesamtgehzeit 2½ Std.
Anforderungen: Leichte Wanderung, jedoch nicht immer auf gut bez. Wegen.
Höhenunterschiede: 370 m im Anstieg, 340 m im Abstieg.
Höchster Punkt: Großer Kitzberg, 771 m.
Einkehrmöglichkeiten: Reichentalerhof (keine Nächtigung, ganzj. offen; 1. April bis 1. Okt. kein, sonst Mittwoch und Donnerstag Ruhetag). Alpenfreundehaus am Gr. Kitzberg (75 L., nur Samstag und Sonntag geöffnet; Selbstversorgerhütte).
Sehenswertes: Vom Alpenfreundehaus Blick nach Süden in das Miesenbachtal mit Hoher und Dürrer Wand darüber. Von der Kitzberg-Felskanzel schöner Tiefblick in die Piestingtalenge.

Unter den vielen Waldkuppen der Gutensteiner Alpen ist der Große Kitzberg trotz seines Adjektivs eine der niedrigsten und unscheinbarsten. Mit dem Hohen Mandling formt er die Piestingtalenge zwischen Reichental und Pernitz. Südlich des Gipfels verbirgt sich eine baumfreie Mulde, in der das an Wochenenden beaufsichtigte Alpenfreundehaus steht. Von dort über-

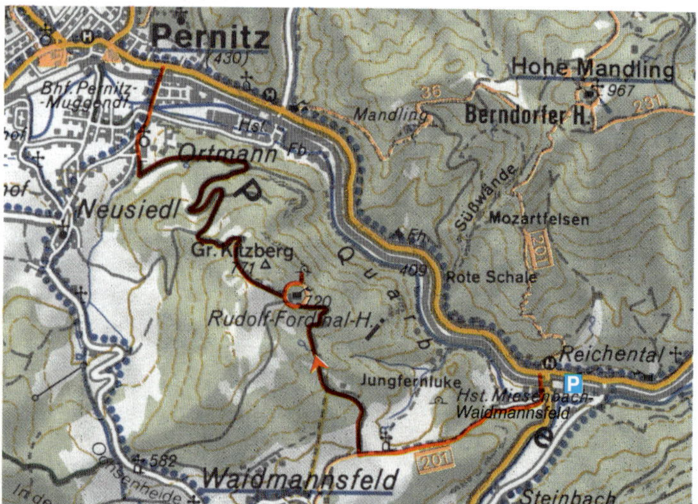

Malerischer Bildstock am Weg von Reichental zum Kitzberg.

schaut man das schöne Miesenbachtal, wirft von luftiger Felskanzel den Blick hinunter zum Piesting-Durchbruch, bevor man sich für den kurzweiligen Abstieg nach Pernitz rüstet.

Vom **Bhf. Miesenbach-Waidmannsfeld** in **Reichental** die Miesenbachtal-Straße nach Süden über die Piesting zur Rechtsabzweigung eines Sträßchens. Auf ihm westwärts, an einem Sägewerk vorbei, zum **Hof Reichentaler**. Gleich nach ihm links in den Wald und dort einen seichten Graben auf bez. Weg nach Westen empor, später eben zu einem Wiesensattel mit Bildstock und Bank. Die Straße 130 m geradeaus weiter, dann auf Fahrweg über eine Wiese nach rechts (N) sanft aufwärts in den Wald und dort zu einer Verzweigung. Links den grün bez. Fahrweg in Windungen nach Nordwesten hinauf zu dem am Rande einer weiten Wiesenmulde gelegenen **Alpenfreundehaus**, 720 m. Rechts neben dem Haus auf unbez. Weg durch Wald nach Norden zu einer Felskanzel am Gipfelkamm des **Großen Kitzberges**. Der bewaldete höchste Punkt (P 771) bietet keine Rundsicht!

Abstieg nach Pernitz: Von der Hütte auf grün bez. Steig am Südabhang des Kitzberges durch Wald und über Wiesen nach Nordwesten sanft aufwärts zu einer Schulter. Jenseits (Gatter) in Westrichtung abwärts in den Wald und dort zu einer Verzweigung, 10 Min. ab Hütte. Durch Wald nach links hinab zu querender Forststraße und diese rechtshaltend, nordwestwärts, in weiten Kehren hinunter nach **Pernitz**, 430 m. Dort durch Wohnsiedlungen nach Norden zur **Bedarfshaltestelle Wipfelhofstraße** der **Piestingtalbahn**. Mit ihr (Züge zwischen 6.24 und 21.04 Uhr mehrmals täglich) zurück nach **Reichental**.

11 Dürre Wand

Ein bewaldetes Kalkriff über Miesenbach

Frohnberg – Gauermannhütte – Ochsenweg – Ungerberg – Frohnberg

Talort: Miesenbach, ca. 470 m, im Miesenbachtal mit Ortsteil Balbersdorf.
Ausgangspunkt: Ghf. »Zur schönen Aussicht« in Frohnberg, 550 m, westlich über Balbersdorf gelegen und von dort mit Auto zu erreichen. 1,5 km ab Balbersdorf.
Parkmöglichkeit: Parkplatz beim Ghf. »Zur schönen Aussicht«.
Gehzeiten: Frohnberg – Gauermannhütte 2 – 2¼ Std., Gauermannhütte – Schweighof – Ungerberg ¾ – 1 Std., Ungerberg – Frohnberg ½ Std.; Gesamtgehzeit 3¼ – 3¾ Std.
Anforderungen: Unschwierige Wanderung auf bez. Wegen.
Höhenunterschiede: 700 m im An- und Abstieg.
Höchster Punkt: Gauermannhütte, 1154 m.
Einkehrmöglichkeiten: Ghf. »Zur schönen Aussicht« (50 B., ganzj. offen, kein Ruhetag), Gauermannhütte (15 L., von Ostern bis Allerheiligen an Wochenenden und Feiertagen geöffnet; Winterraum mit 4 L.).
Sehenswertes: Die idyllisch gelegene Gauermannhütte. Die herrlichen Wiesen entlang des Ochsenweges.
Hinweis: Lohnender Besuch der Tablerhöhle (nur mit Taschenlampe!) am Nordwestabhang der Dürren Wand. Zugang zur Höhle auf bez. Weg. Abzweigung 15 Min. vor dem Erreichen der Gauermannhütte.

Dürre Wand nennt sich jene langgestreckte Felsklippe, die sich westlich der Hohen Wand vom Piestingtal bis zum Schneeberg erstreckt. Sie wird von Bergwanderern weniger beachtet, weil scheinbar lohnendere Ziele in ihrer

nahen Umgebung locken. Daß aber gerade diese Landschaft rings um das Miesenbachtal ihren besonderen Reiz hat, bewies schon vor mehr als 150 Jahren der Maler Friedrich Gauermann, der, hier aufgewachsen, in seinen großartigen Ölbildern und Zeichnungen den Zauber seiner Heimat zum Ausdruck gebracht hat.
Vom **Ghf. »Zur schönen Aussicht«** in **Frohnberg** den ebenen, blau bez. Weg in Richtung Waidmannsfeld zu einem Kruzifix (ca. 5 Min.), wo der rot bez. Weg zur Gauermannhütte links abzweigt. Zunächst durch schütteren, später durch dichten Nadelwald nach SW und S den **Martesberg** entlang aufwärts. Nach einer felsigen Kante zu einer Wegteilung und rechts durch Wald steil empor. An den Wiesen von **Ungerberg** vorbei zu einem Sattel, dann steil hinauf zur Kammhöhe der **Dürren Wand** und weiter zur **Gauermannhütte,** 1154 m.
Von der Hütte einen rot bez. Karrenweg nach SW bergab zu einer Forststraße und diese abwärts zu einer Rechtskehre. Danach links ab und den anfangs schlecht sichtbaren, blau bez. **»Ochsenweg«** mühsam durch einen steinigen Hohlweg hinunter, später über herrliche Wiesen (der Hof des **Haselbauern** bleibt rechts) zu dem auf einem Sattel gelegenen **Schweighof**, 810 m. Nun einen Ziehweg hinab nach **Ungerberg** (730 m, keine Einkehrmöglichkeit). Bevor die abwärts führende Straße den Wald erreicht, rechts ab und auf Fußweg (rot bez.) bequem nach **Frohnberg**. Von der Kapelle im Ortszentrum kurz zum **Ghf. »Zur schönen Aussicht«** empor.

Bauernhof im Gebiet der Dürren Wand.

12 Mandling-Überschreitung

Stille Waldwanderung nahe der Millionenstadt

Reichental – Hoher Mandling – Vorderer Mandling – Waldegg

Talorte: Reichental, 401 m. Waldegg, 380 m.
Ausgangspunkt, Parkmöglichkeit: Bhf. Miesenbach-Waidmannsfeld, 401 m, der Piestingtalbahn in Reichental. Parkplatz.
Gehzeiten: Reichental – Hoher Mandling 1¼ – 1½ Std., Hoher Mandling – Vorderer Mandling 1½ – 1¾ Std., Abstieg Vorderer Mandling – Waldegg 1¼ Std.; Gesamtgehzeit 4 – 4½ Std.
Anforderungen: Lange, aber leichte Wanderung auf bez. Wegen und Forststraßen.
Höhenunterschiede: 830 m im Anstieg, 850 m im Abstieg.
Höchster Punkt: Hoher Mandling, 967 m.
Einkehrmöglichkeiten: Reichentalerhof (keine Nächtigung, ganzj. offen; 1. April bis 1. Okt. kein, sonst Mi. und Do. Ruhetag), Berndorfer Hütte (16 B., 25 L.; im Juli zu, sonst Sa., So. und Fei. offen, Jan. bis März und Sept. bis Dez. auch Mi. offen; Nächtigung nur auf Voranmeldung; Tel. 0664/1222973). Gasthöfe in Waldegg.
Sehenswertes: Der wunderbare Rund- und Tiefblick von der Mandling-Kanzel.

Vom **Bhf. Miesenbach-Waidmannsfeld** über das Bahngleis zur Piestingtalstraße und diese 50 m nach links zur Rechtsabzweigung von Weg Nr. 201. Auf ihm einen steilen Waldrücken in Kehren nach Norden aufwärts an

Die Berndorfer Hütte am Hohen Mandling.

den Südwestrücken des Hohen Mandling oberhalb der »**Süßwände**«. Den Rücken anfangs steil, dann sanft aufwärts zu einer Verflachung (links von der Mandling-Kanzel Prachtblick zum Schneeberg) und zur Linkseinmündung von Weg Nr. 36 von Pernitz/Ortmann. Geradeaus weiter aufwärts zum Gipfel des **Hohen Mandling**, 967 m, mit der **Berndorfer Hütte**. Den Zubringerweg über die **Knödelwiese** nach Süden abwärts zur Wegteilung am Waldrand. Links (Weg Nr. 231) den Ostrücken hinab in einen Sattel, 712 m. Auf Forststraße in Ostrichtung über den **Kl. Rosenkogel**, später durch die Südflanke des **Gr. Rosenkogels** zu querender Straße. Diese rechts hinab in einen Sattel, dann südostwärts empor zu einer Sandgrube. Rechts ab und auf blau bez. Weg einen steilen Waldrücken hinauf zum Gipfel des **Vorderen Mandling**, 925 m. Zurück zur Sandgrube und die Forststraße (Weg Nr. 201A und 231) nach rechts zur Wiese am Sattel zwischen Vorderem Mandling und Lindkogel. Über die Wiese, dann links auf bez. Weg einen Waldgraben hinab zu einer Teilung. Rechts zu einer Forststraße und diese geradeaus zur Linksabzweigung von Weg Nr. 201A. Auf ihm vorerst in Ost-, dann in Südrichtung hinunter nach **Waldegg-Peisching**, 380 m. Dort 400 m nach rechts zum **Bhf. Waldegg** der **Piestingtalbahn**. Mit ihr (Züge zwischen 5.31 und 22.10 Uhr mehrmals täglich) nach **Reichental**.

13 Große und Kleine Klause

Klettersteig-Raritäten im Rücken der Hohen Wand

Dürnbach (Nazwirt) – Kleine Klause – Waldeggerhaus – Große Klause – Dürnbach

Talorte: Waldegg, 402 m, Markt im äußeren Piestingtal. Dürnbach, 477 m, Streusiedlung im gleichnamigen Seitental südlich von Waldegg.
Ausgangspunkt, Parkmöglichkeit: Der ehemalige Ghf. Nazwirt (550 m) in Dürnbach, 3 km von Waldegg. Parkplatz.
Gehzeiten: Anstieg Nazwirt – Kleine Klause – Waldeggerhaus 1½ – 1¾ Std., Abstieg Waldeggerhaus – Große Klause – Nazwirt 1 – 1¼ Std.; Gesamtgehzeit 2½ – 3 Std.
Anforderungen: Etwas anspruchsvolle Tour mit gesicherten Felspassagen. Trittsicherheit und Schwindelfreiheit nötig.
Höhenunterschiede: 450 m im An- und Abstieg.
Höchster Punkt: Waldeggerhaus, 1000 m.
Einkehrmöglichkeiten: Waldeggerhaus (28 B., ganzj. offen; kein Ruhetag). Der Ghf. Nazwirt ist geschlossen.
Sehenswürdigkeiten: Die romantischen Felsszenerien im Bereich der Großen und Kleinen Klause (»Miesenbach-Landschaft«). Die überraschend schöne und freie Rundsicht vom Waldeggerhaus.

Die Schauseite der Hohen Wand, ihr charakteristischer kilometerbreiter Felsgürtel, ist der »Neuen Welt« und dem Wiener Becken im Osten zugewandt. Dagegen präsentiert sich die zum Miesen- und Dürnbachtal weisende bewaldete Westflanke (»Hintere Wand«) nicht sonderlich attraktiv. Doch gibt es auch dort einige dankbare Durchstiege wie etwa die gesicherten Steiganlagen durch die Felsklammen der Großen und Kleinen Klause. Als Rundtour über das aussichtsreich postierte Waldeggerhaus begangen, wird einem dabei die ganze Romantik der »Miesenbach-Landschaft« vor Augen geführt, die in den Bildern Friedrich Gauermanns ihre mustergültige künstlerische Umsetzung gefunden hat.
Vom ehemaligen **Ghf. Nazwirt** auf bez. Steig südwärts gegen die Hintere Wand empor zu querendem Weg. Auf ihm durch Wald nach rechts (SW) hinauf in den bewaldeten Graben der **Kleinen Klause** (»**Dürnbacher Klause**«) und durch ihn aufwärts in einen Kessel. Nun die steile Felsklamm auf dem »**Naturfreundesteig**« (Klammern, Eisenleitern) anregend empor, spä-

Am Beginn des Naturfreundesteiges durch die Kleine Klause (»Dürnbacher Klause«).

ter wieder im Waldgraben auf das **Hohe-Wand-Plateau** und dort nach links zur **Hohe-Wand-Straße**. Diese ein Stück in Nordostrichtung abwärts, dann links die Zufahrtsstraße (oder den direkten Weg entlang der Stromleitung) nach Norden hoch zum **Waldeggerhaus**, 1000 m.
Von der Hütte auf blau bez. Weg durch Wald in Windungen nach Nordosten hinab in den **Saugraben**. Dort den bez. Querweg nach links zum klammartigen Steilabfall der **Großen Klause** (»**Waldegger Klause**«). Durch sie auf dem »**Waldeggersteig**« (Drahtseile, Eisenklammern, Leitern) hinunter und im Waldgraben weiter nach **Dürnbach**, 477 m. Nun die Asphaltstraße durch das **Dürnbachtal** empor zum Parkplatz beim ehemaligen **Ghf. Nazwirt**.

14 Hohe Wand – Hanselsteig

Ein fester Begriff in Wiens Bergsteigerkreisen

Loderhof – Hanselsteig – Hohe-Wand-Plateau – Brünnlriessteig – Loderhof

Talort: Stollhof, 459 m, am Ostfuß der Hohen Wand.

Ausgangspunkt: Loderhof, 505 m, Häusergruppe 1 km nordöstlich oberhalb von Stollhof. Eigentlicher Startplatz ist der dortige Ghf. Loderhof mit Parkplatz.

Gehzeiten: Anstieg Loderhof – Hanselsteig – Hohe-Wand-Plateau 1 – 1¼ Std., Abstieg Hohe-Wand-Plateau – Brünnlriessteig – Loderhof ¾ Std.; Gesamtgehzeit 1¾ – 2 Std.

Anforderungen: Durch Drahtseile und Leitern gesicherte Steiganlage. Bergsteigerische Übung nötig.

Höhenunterschiede: 350 m im An- und Abstieg.

Höchster Punkt: Am Hohe-Wand-Plateau, ca. 850 m.

Einkehrmöglichkeiten: Gasthöfe in Stollhof und Loderhof. Ghf. Kohlröserlhaus (20 B., ganzj. von 9.00 bis 19.00 Uhr geöffnet; vom 1. Mai bis 31. Okt. kein, sonst Freitag Ruhetag), Herrgottschnitzerhaus (40 L., ganzj. offen; vom 1. April bis 31. Okt. am Mittwoch, sonst Dienstag und Mittwoch Ruhetag). Das Hanselsteighaus ist geschlossen!

Sehenswertes: Die Hanselsteig-Hits »Karnitschstüberl« und »Hanselkamin«. Die schönen Tiefblicke zur Talwiege der »Neuen Welt«.

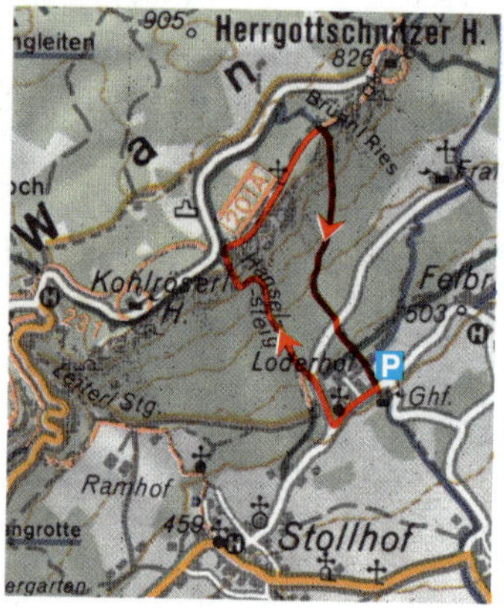

Unter den vielen gesicherten Steiganlagen der Hohen Wand gilt der durch den östlichen Wandgürtel emporführende Hanselsteig als einer der leichtesten und schönsten. Zu seinen Höhepunkten gehört das berühmte »Karnitschstüberl«, eine geräumige Felsnische unter weit vorkragendem Überhang. Ferner der enge »Hanselkamin« mit schräger Leiter, die etwas beleibteren Begehern zu schaffen macht. Der Rest ist problemloses Steigen mit Tiefblicken zur Talwiege der »Neuen Welt« und zu den Fischauer Bergen.

Vom **Ghf. Loderhof** die Loderhofstraße 200 m nach links (SW) zu Verzweigung bei Kapelle. Rechts gegen den Frankenhof 50 m aufwärts zu neuerlicher Teilung bei einem Privathaus. Rechts auf Asphaltstraße im Föhrenwald zu einer Rechtskurve (Quellfassung) und dort zur Linksabzweigung des **Hanselsteiges**; 5 Minuten. Den rot bez. Fußweg im Wald nordwestwärts empor zu einer Lichtung. Den nun steinigen Weg in steilen Kehren hinauf zu einer Aussichtskanzel (verwachsen!), dann unter den Wänden links hoch

Das luftige Karnitschstüberl am Hanselsteig.

zum Einstieg in die Felsen. Über eine steile gegliederte Rampe an geglättetem Fels (Drahtseile) nach links empor, dann rechts hinauf zum **»Karnitschstüberl«**. Auf gesichertem Felsband nach links, dann um eine Ecke herum und über eine Holzbrücke, schließlich rechts (Drahtseil) empor in den **»Hanselkamin«**. Durch den engen Schluf (Klammern, hohe Leiter) steil hinauf zur Scharte. Über Schrofen nach links zu einem Steilaufschwung, der auf gesichertem Band (Drahtseil, Steg) rechts umgangen wird. Auf Steig weiter zur Asphaltstraße am **Hohe-Wand-Plateau**, ca. 850 m.
Abstieg: Den rot bez. Fußweg Nr. 231 (»Waldlehrpfad«) nach rechts (NO) und am Hochflächenrand nach 10 Minuten zur Rechtsabzweigung des grün bez. **Brünnlriessteiges**. Auf ihm einen steilen Graben südostwärts hinunter, dann an den Waldhängen abwärts zu einer Asphaltstraße. Diese traversieren, dann in Südostrichtung hinab zum **Ghf. Loderhof**.

15 Hohe Wand – Völlerin und Wandfußsteig

Bizarres Felsland am Alpenrand

Sonnenuhr Parkplatz – Völlerinsteig – Gasthof Postl – Hohe-Wand-Straße – Wandfußsteig – Parkplatz

Talort: Stollhof 459 m. Ort am Ostabhang der Hohen Wand.
Ausgangspunkt, Parkmöglichkeit: Sonnenuhr-Parkplatz, ca. 580 m, bei der ersten Rechtskehre der Hohe-Wand-Straße (an arbeitsfreien Tagen mautpflichtig), 2 km ab Stollhof.
Gehzeiten: Parkplatz – Völlerinsteig – Ghf. Postl 1 Std., Ghf. Postl – Ghf. Almfrieden ½ Std., Ghf. Almfrieden – Parkplatz 1 Std.; Gesamtgehzeit 2½ Std.
Anforderungen: Im Anstieg teilweise steil und exponiert, sonst unschwierig. Trittsicherheit erforderlich.
Höhenunterschiede: 320 m im An- und Abstieg.
Höchster Punkt: Ghf. Postl, 892 m.
Einkehrmöglichkeiten: Ghf. Postl (40 B., ganzj. offen), Ghf. Almfrieden (25 B., ganzj. offen; im Winter Dienstag und Mittwoch Ruhetag). Die private Ortlerhütte ist geschlossen.
Sehenswertes: Tiefblick vom Plateaurand zur Wiesenmulde der »Neuen Welt«.
Hinweis: Variante zum oberen Völlerinsteig für trittsichere Bergsteiger: Frauenluckensteig (15 m hohe, freistehende Leiter).

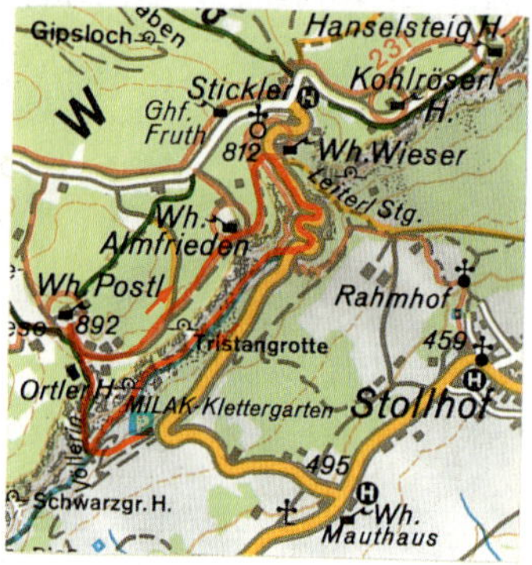

Kein anderer Vertreter der Wiener Hausberge präsentiert sich wie die Hohe Wand als vollwertiges »Gebirge für jedermann«. Hier kommt wirklich keiner zu kurz! Wanderer finden herrliche, ausgedehnte Bergwälder, Felskletterer können sich bis in die obersten Schwierigkeitsgrade messen, Drachenflieger und Paragleiter haben geeignete Fluggebiete und auch für Höhlenfreunde ist ein breites Betätigungsfeld vorhanden. Der hier vorgestellte Steig durch den steilen Felsgraben der Völlerin darf als Musterbeispiel eines leichteren Wanddurchstiegs gelten.

Vom **Sonnenuhr-Parkplatz** auf Karrenweg wenige Schritte nach Südwesten, dann den grün bez. **Völlerinsteig** in Kehren zum querenden Wandfußsteig (Rastbänke) empor. Geradeaus über gesicherte Felsstufen (Drahtseil) bis in den Grund einer Rinne, die an ihrem Ende von überhängenden Blökken versperrt wird. Durch einen erdigen Durchschlupf an den Oberrand der Blockstufe (links Abzweigung des luftigen Frauenluckensteiges) und in ansteigender Querung (teilweise Sicherungen) durch lichten Wald zum **Hohe-Wand-Plateau**, das man bei der **Ortlerhütte** betritt. Weiter auf Fahrweg ca. 200 m zum **Ghf. Postl**, 892 m. Nun auf Straße gegen die Abbruch-

Im Abstieg durch die Völlerin.

kante zurück, dort nach links (NO) und an einigen Sommerhäusern vorbei, schließlich rechts ab und auf Fußweg durch Wald in wenigen Minuten zum aussichtsreich gelegenen **Ghf. Almfrieden**.

Abstieg: Vom **Ghf. Almfrieden** in Richtung Leiterlsteig (gelb bez.) durch Wald nach Norden abwärts zur **Hohe-Wand-Straße**. Die gewundene Bergstraße in aussichtsreicher Wanderung abwärts, bis nach den Kehren rechts der blau bez. **Wandfußsteig** abzweigt. Diesen über Stufen aufwärts, dann überaus abwechslungsreich in stetem Auf und Ab zum Beginn des **Völlerinsteiges** und hinunter zum **Parkplatz**.

16 Hohe Wand – Plateau-Rundwanderung

Glanzpunkte am laufendem Band

Naturparkstüberl – Hochkogelhaus – Hubertushaus – Eicherthütte – Plackles – Kleinkanzel Haus – Naturparkstüberl

Talorte: Stollhof, 495 m, am Ostabhang der Hohen Wand.
Ausgangspunkt: Naturparkstüberl (ehemals Wiener-Neustädter-Haus), 1000 m. Von Stollhof 7 km. An Wochenenden und Feiertagen Mautpflicht.
Parkmöglichkeit: Großparkplatz beim Naturparkstüberl.
Gehzeiten: Parkplatz – Hochkogelhaus ½ Std., Hochkogelhaus – Hubertushaus ¾ Std., Hubertushaus – Plackles ½ – ¾ Std., Plackles – Parkplatz ¾ – 1 Std.; Gesamtgehzeit 2½ – 3 Std.
Anforderungen: Einfache Wanderung auf bequemen Wegen. Trittsicherheit nötig.
Höhenunterschiede: 300 m im An- und Abstieg.
Höchster Punkt: Plackles, 1132 m, die höchste Erhebung der Hohen Wand.
Einkehrmöglichkeiten: Naturparkstüberl (ehemaliges Wiener-Neustädter-Haus, Jausenstation), Hochkogelhaus (40 B., ganzj. offen), Hubertushaus (25 B., 25 L.; vom 1. April bis 10. Februar geöffnet; Dienstag und Mittwoch Ruhetag), Eicherthütte (18 B., 30 L.; ganzj. offen), Berghotel Plackles (10 B., ganzj. offen), Kleinkanzel Haus (ganzj. offen, keine Nächtigung, Dienstag Ruhetag).
Sehenswertes: Vom Schaupfad zwischen Hubertushaus und Eicherthütte prächtiger Schneebergblick.
Hinweis: Lohnender Besuch des Hohe-Wand-Naturparks mit Tiergehege und Aussichtsturm Bromberg.

Das aussichtsreich gelegene Hubertushaus am Südrand des Hohe-Wand-Plateaus.

Die Hohe Wand ist wohl eines der beliebtesten Ausflugsziele in der Umgebung Wiens. Das mag darin begründet sein, daß sich auf dieser Waldhochfläche eine Vielzahl gut geführter Hütten und Pensionen befinden, die allesamt mit dem Auto zu erreichen sind. Auch bietet sich hier die Möglichkeit, in Nachbarschaft schwierigster Felsensteige, auf einfachen Wegen durch den stillen Bergwald zu wandern und dabei prächtige Ausblicke zu genießen. Durch den südlichen Teil dieses Hochplateaus (heute »Naturpark Hohe Wand«), das neben den großen Wäldern auch die höchsten Randabstürze aufweist, führt die beschriebene Rundwanderung.

Von der Südostecke des **Großparkplatzes** auf rot bez. Weg eben durch Wald zum **Hochkogelhaus**. Den Abbruchrand entlang nach Süden, später ziemlich steil in den tief eingeschnittenen **Leitergraben** hinunter. Jenseits durch Wald wieder aufwärts und am Plateaurand entlang zum **Hubertushaus**, 946 m. An der Abbruchkante (Schaupfad; atemberaubender Tiefblick in ein wildes Felsenlabyrinth) weiter zur **Eicherthütte** auf der **Großen Kanzel,** 1052 m, mit dem Wildenauer Gedenkkreuz. Nun durch Wald nahe dem Hochflächenrand, an einem stillgelegten Sessellift vorbei, aufwärts zum **Berghotel Plackles** (1132 m, Antennenmast).

Von der Plackles gegen die Eicherthütte zurück und nach 5 Minuten zur Linksabzweigung eines Fahrweges. Auf ihm durch Wald bequem zum **Wanddörfl**, dann auf der Fahrstraße, den Westabfall der Hohen Wand entlang, zur **Kleinen Kanzel** mit dem **Kleinkanzel Haus**, 1092 m, ½ Std. von der Plackles. Nun über Wiesen und durch Wald zurück zum **Parkplatz** beim **Naturparkstüberl**.

17 Hohe Wand – Wagner- und Springlessteig

Zwei gesicherte Felsenwege im Süden der Hohen Wand

Pension Seiser Toni – Wagnersteig – Eicherthütte – Hubertushaus – Springlessteig – Pension Seiser Toni

Talort: Grünbach am Schneeberg, 557 m, südlich der Hohen Wand gelegen.
Ausgangspunkt: Pension Seiser Toni, 725 m, 2 km ab Grünbach.
Parkmöglichkeit: Parkplatz vor der Pension Seiser Toni.
Gehzeiten: Pension Seiser Toni – Eicherthütte 1½ Std., Eicherthütte – Hubertushaus ½ Std., Hubertushaus – Pension Seiser Toni 1 – 1¼ Std.; Gesamtgehzeit 3 – 3¼ Std.
Anforderungen: Schwindelfreiheit, Trittsicherheit und bergsteigerische Übung nötig.

Höhenunterschied: 330 m.
Höchster Punkt: Große Kanzel, 1052 m.
Einkehrmöglichkeiten: Pension Seiser Toni (kein Restaurationsbetrieb), Eicherthütte (15 B., 35 L.; ganzj. geöffnet), Hubertushaus (25 B., 25 L.; vom 1. April bis 6. Januar offen; Februar, März nur an Wochenenden geöffnet).
Sehenswertes: Die Ausblicke von der Großen Kanzel (Wildenauer Gedenkkreuz) auf Grünbacher Berge und Schneeberg. Vom Weg zum Hubertushaus Tiefblick auf Hochfallwand, Baumgartnerturm und Wildenauerturm.

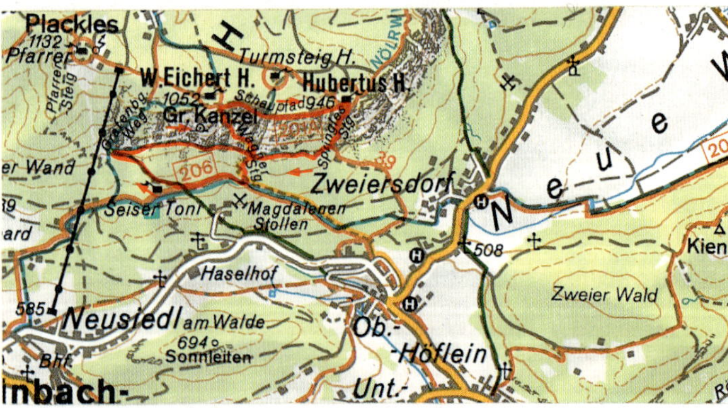

Wenn man Kenner der Hohen Wand nach den landschaftlichen Glanzpunkten dieses Gebietes fragt, werden mit Sicherheit die Große Kanzel und der Schaupfad von der Eicherthütte zum Hubertushaus genannt. Dort beeindrucken die Aussicht vom Wildenauer-Gedenkkreuz zum überragenden Schneeberg ebenso wie die phantastischen Tiefblicke vom Abbruchrand auf bizarre Felspfeiler, Türme und Kanten.

Von der **Pension Seiser Toni** auf blau bez. Weg 100 m nach Osten, dann scharf links und auf grün bez. Weg durch Wald hinauf zum querenden

Am Weg zwischen Eicherthütte und Hubertushaus. Tiefblick zum Baumgartnerturm.

Wandfußsteig (15 Min.). Mühsamer als bisher, in stetem Auf und Ab am Fuß der Felswände entlang, nach Osten zur Linksabzweigung des **Wagnersteiges** (»W.S.«, gelb bez.; ¾ Std. ab Seiser Toni). Auf ihm in Kehren durch lichten Wald aufwärts, später über Schrofen (8 Eisenleitern), schließlich über Felsplatten (Drahtseil) zum Ausstieg bei einer großen Wiese im Osten der **Großen Kanzel** (Wildenauer Gedenkkreuz). Von hier in wenigen Schritten zur **Eicherthütte**, 1052 m. Nun den gelb bez. Weg (Schaupfad; von Felsvorsprüngen prächtige Tiefblicke), am Hochflächenrand entlang, nach Osten zu dem auf idyllischer Waldlichtung am Abbruchrand stehenden **Hubertushaus**, 946 m.

Abstieg: Vom **Hubertushaus** den rot bez. **Springlessteig** durch eine Felsflanke (Drahtseil) in langer fallender Querung nach rechts (SW) abwärts, später über gesicherte Felsen und durch Wald zum Wandfußsteig hinunter. Auf diesem (blau bez.) nach Westen bis zum **Wagnersteig**, dann links abwärts zu einem Querweg, dem man nach rechts (W) zur **Pension Seiser Toni** folgt.

18 Hohe Wand – Das »Geländ«, 1023 m

Betschemel vor dem Schneeberg

Grünbacher Sattel – Westanstieg – Geländhütte – Serpentinenweg – Grünbacher Sattel

Talort: Grünbach am Schneeberg, 557 m, Markt am Südfuß der Hohen Wand.
Ausgangspunkt: Grünbacher Sattel, 678 m, 2 km von Grünbach.
Parkmöglichkeit: Kleiner Parkplatz am Grünbacher Sattel, am Beginn des Weges nach Lanzing.
Gehzeiten: Anstieg Grünbacher Sattel – Geländhütte (von Westen) 1 Std.; Abstieg Geländhütte – Grünbacher Sattel (über den Serpentinenweg) ¾ – 1 Std.; Gesamtgehzeit 1¾ – 2 Std.
Anforderungen: Bequeme Wanderung auf guten Wegen. Trittsicherheit nötig.
Höhenunterschiede: 350 m im An- und Abstieg.
Höchster Punkt: Das »Geländ«, 1023 m.
Einkehrmöglichkeit: Geländhütte (13 B., 10 L.; kein Strom, kein Wasser; Ostern bis 31. Dez. an Sa., So. und Feiertagen offen).
Sehenswertes: Von der Josef-Imnitzer-Ruhe und vom Gipfel des »Geländ« Prachtblick auf Schneeberg, Puchberger Becken und Plackles.

Der Südwestsporn des Hohe-Wand-Massivs, das »Geländ«, erhebt sich wie ein Schiffsbug über dem Becken von Puchberg. Es gehört zu den etwas vernachlässigten Plätzen dieser Gegend. Besonders der Anblick des mächtigen Schneebergs bietet dem Wanderer Grund genug, diesen einfachen Rundgang abseits ausgetretener Touristenpfade unter seine Sohlen zu nehmen.

Vom **Grünbacher Sattel** den rot bez. Karrenweg in Richtung Lanzing am Oberrand der Wiesen des Puchberger Beckens bequem nach Norden zum Sattel zwischen Geländ und Hutberg (Bildstock). Bevor man den Sattel betritt rechts ab und auf blau bez. Weg rechts vom Bergkamm nach Osten empor bis zu einer markanten Schulter. Dort bei einem Gatter nach links (N) 100 m abwärts, dann rechts auf bez. Steig den immer steiler werdenden Waldhang in Kehren hoch, zuletzt auf gut trassiertem Weg durch die extrem

steile Waldflanke zur **Josef-Imnitzer-Ruhe** (Rastplatz mit prachtvoller Aussicht) am Gipfelplateau. Nun über schöne Bergwiesen in wenigen Minuten zur eigentlichen Gipfelkuppe des **»Gelänḋ«, 1023 m,** und zur **Geländhütte** östlich des höchsten Punktes. Von der unmittelbar am Abbruchrand stehenden Hütte bietet sich ein herrlicher Ausblick zum Schneeberg sowie auf den höchsten Punkt der Hohen Wand, den Plackles.
Abstieg: Von der **Geländhütte** wenige Meter nach Osten zum Plateaurand und dort den grün bez. Serpentinenweg über Felsstufen nach Südosten (gegen Grünbach) hinunter zu gelb bez. Querweg. Diesen weiter bergab zu den langgestreckten Wiesen am Fuß des Berges und über sie nach Südwesten zu einem Gehöft. An diesem rechts vorbei, dann links, knapp oberhalb der Schneebergbahn, auf breitem Feldweg eben zum **Grünbacher Sattel**.

Der Schneeberg vom Gipfel des »Geländ«.

19 Größenberg, 605 m

In das Föhrenwald-Paradies der Fischauer Berge

Bad Fischau – Größenberg – Emmerberg – Winzendorf – Bad Fischau

Talorte: Bad Fischau, 288 m, und Winzendorf, 327 m. Am Westrand des Wiener Beckens gelegene Orte.
Ausgangspunkt: Ortszentrum (Kirche) von Bad Fischau, 288 m.
Parkmöglichkeit: Parkplätze im Ortsgebiet von Bad Fischau.
Gehzeiten: Bad Fischau – Größenberg 1¼ – 1½ Std., Größenberg – Ruine Emmerberg 1¼ Std., Ruine Emmerberg – Winzendorf ½ – ¾ Std., Winzendorf – Bad Fischau 1 Std.; Gesamtgehzeit 4 – 4½ Std.
Anforderungen: Leichte, aber lange Wanderung. Teils schlecht markiert.
Höhenunterschiede: 350 m im An- und Abstieg.
Höchster Punkt: Größenberg, 605 m.
Einkehrmöglichkeiten: Gaststätten in Bad Fischau und Winzendorf. Ghf. Teichmühle (Chinarestaurant, keine Nächtigung, ganzj. offen).
Sehenswertes: Ausblick vom Gipfel des Größenberges auf Hohe Wand und Schneeberg. Die Ruine Emmerberg.
Hinweise: Von Bad Fischau lohnender Besuch der Eisensteinhöhle (Führungen von Mai bis Oktober an Wochenenden und Feiertagen). Von Winzendorf Rückreisemöglichkeit mit der Schneebergbahn nach Bad Fischau (Züge zwischen 5.32 und 21.08 Uhr mehrmals täglich). ¾ Std. Zeitersparnis.

Nicht gerade an heißen Sommertagen, vielmehr im Frühling und Herbst zeigt diese Voralpenwanderung ihre schönsten Seiten. Auf ihr werden die der Hohen Wand östlich vorgelagerten Fischauer Berge überschritten, und dabei deren höchster Gipfel, der Größenberg, bestiegen. Mit Weiterweg zur Ruine Emmerberg und Rückkehr über Winzendorf nach Bad Fischau ergibt das eine Rundtour für gehobene Ansprüche.

Von **Bad Fischau** (Kirche) die Blumentalgasse zum Haus Nr. 4. Dort auf bez. Fahrweg durch Wald nach rechts (NW) hinauf, später rechtshaltend zur **Waldandacht** (Felsgrotte) und weiter zu einer Forststraße. Diese nach links zum ehem. **Ghf. Kürassier**. Auf Fahrweg rechtshaltend zu langgestreckter

Wiese, später auf grün bez. Karrenweg einen Waldgraben nach links (SW) aufwärts zu einem Sattel am Höhenrücken der **Fischauer Berge**. Den Rükken nach links empor zum Gipfel des **Größenberges** (605 m; Bank, Felsabsturz nach Westen).
Auf rot bez. Karrenweg am Rücken nach Südwesten hinab zu einer Forststraße. Diese nach rechts zum Sattel vor dem Engelsberg und zur Verzweigung dreier Wege. Den rot bez. Weg geradeaus aufwärts und quer durch die Ostflanke des Schloßberges zu einer Teilung. Rechts den breiten unbez. Weg nach Westen abwärts zu einer Forststraße und diese einen Graben hinunter, zuletzt eben zur **Ruine Emmerberg**, 460 m. Auf Straße nach Westen hinab zu einem Meierhof, dann südwärts zur Asphaltstraße Muthmannsdorf – Winzendorf. Diese links zu einer Teilung (rechts zum nahen **Ghf. Teichmühle**) und geradeaus in die **Prossetschlucht**. Bei einem Haus nach rechts über die Fischa und jenseits auf unbez. Steig talaus, dann wieder an das linke Ufer und die Straße weiter nach **Winzendorf**, 327 m. Gleich nach der Schneebergbahn links durch die »Winzerstraße«, später einen asphaltierten Fahrweg (er folgt der antiken **»Blätterstraße«**) durch die Felder und Weingärten des Wiener Beckens nordostwärts nach **Bad Fischau**.

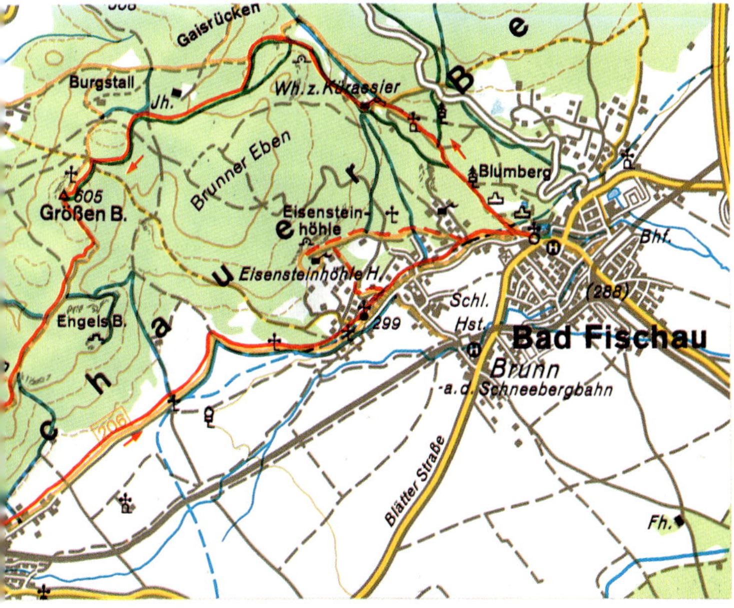

20 Johannesbachklamm, Dürrenberg-Runde

Erfolgssicherer Wandervorschlag für Kind und Kegel

Würflach – Johannesbachklamm – Greith – Lärchbaumkreuz – Würflach

Talorte: Würflach, 430 m, östlich der Grünbacher Berge, am Rande des Wiener Beckens gelegen. Greith, 485 m, Dorf im Johannesbachgraben.
Ausgangspunkt, Parkmöglichkeit: Parkplatz, ca. 430 m, beim Straßenende im westlichen Ortsbereich von Würflach, am Eingang in den Johannesbachgraben.
Gehzeiten: Würflach – Greith ¾ Std., Greith – Lärchbaumkreuz 1 Std., Lärchbaumkreuz – Würflach 1¼ Std.; Gesamtgehzeit 3 Std.
Anforderungen: Einfache Wanderung auf bez. Wegen und Forststraßen.
Höhenunterschied: 320 m.
Höchster Punkt: Lärchbaumkreuz, 750 m.
Einkehrmöglichkeiten: Jausenstation Lackner (keine Nächtigung; vom 15. Juni bis 15. Sept. durchgehend, sonst zwischen 11.00 und 22.00 Uhr, vom 15. Okt. bis 15. April an Wochenenden und Feiertagen geöffnet), Ghf. Johannesbachklamm (keine Nächtigung, ganzj. offen).
Sehenswertes: Die romantische Johannesbachklamm, eine der schönsten Klammbildungen des Gebietes. Lohnender Besuch der Ruine Schrattenstein (12. Jh.). Die für diese Gegend typischen Föhrenwälder.

Gasthof Johannesbachklamm.

Als langer Waldgraben durchreißt das Tal des Johannesbaches die Grünbacher Berge zwischen Würflach und Greith. Knapp vor seinem Austritt ins südliche Wiener Becken verengt es sich zu einer Klamm, die trotz bescheidener Dimensionen zu den beliebtesten Ausflugszielen der Gegend gehört. Vor allem mit »Kleinen Leuten« erweist sich ihr Besuch als ergiebig, tragen doch plätschernde Wasser, abenteuerlich geformte Felszacken, lustige Brücken, Stege und Stiegen einiges zur Unterhaltung bei. Man kann sich mit dem Besuch der Klamm zufrieden geben, doch für jene, die mehr wollen, empfiehlt sich der hier beschriebene Rundweg um den Dürrenberg.

Vom **Parkplatz** auf Karrenweg (Nr. 2), an der **Johannesquelle** vorbei, nach Westen zu querender Straße und auf ihr durch den Johannesbachgraben zur **Jausenstation Lackner**. Im Waldgraben eben weiter, später durch die romantische Felsklamm (Brücken, Stege und Stiegen) aufwärts zum **Ghf. Johannesbachklamm** am Ende der Talenge, 20–25 Min. ab Würflach. Auf Naturstraße den breiten wiesenreichen Graben westwärts eben weiter nach **Greith**, 485 m. Dort eine Straße nach links (S) aufwärts, später auf breitem, rot bez. Weg (Nr. 2) durch Obstgärten nach rechts hinauf zu einer Verzweigung. Rechts nun durch Wald weniger steil nach Südwesten empor zu einem Sattel zwischen zwei Felsköpfen. Unter den Abstürzen des Dürrenberges (Rechtsabzweigung zur nahen **Ruine Schrattenstein**) geradeaus zur Waldlichtung am Sattel beim **Lärchbaumkreuz** (750 m; Kruzifix). Die querende Forststraße nach links (SO) abwärts zu einer Teilung und rechtshaltend nach wenigen Minuten zu neuerlicher Verzweigung. Den breiten Weg Nr. 2 durch Wald nach links (NO) hinab zum Sattel beim **Roten Kreuz**, 663 m. Auf Forststraße durch Föhrenwälder geradeaus weiter abwärts, zuletzt auf Asphaltstraße nach **Würflach** und dort zurück zum **Parkplatz**.

21 Flatzer Wand und Gösing

Warmer Kalkfels und duftende Harzföhrenwälder am Voralpenrand

Flatz – Fürststeig – Neunkirchner Naturfreundehaus – Gösing – Flatz

Talorte: Neunkirchen, 371 m, Stadt am Südende des Wiener Beckens. Flatz, 470 m, Sommerfrische 6 km nordwestlich von Neunkirchen.
Ausgangspunkt, Parkmöglichkeit: Die »Wandstraße« im westlichen, oberen Ortsbereich von Flatz; kleinere Parkplätze.
Gehzeiten: Flatz – Fürststeig – Neunkirchner Naturfreundehaus ¾ – 1 Std., Neunkirchner Naturfreundehaus – Gösing ¾ Std., Abstieg Gösing – Flatz 1 Std.; Gesamtgehzeit 2½ – 2¾ Std.
Anforderungen: Unschwierige Wanderung, jedoch Trittsicherheit nötig.
Höhenunterschied: 500 m.
Höchster Punkt: Gösing, 898 m.
Einkehrmöglichkeit: Neunkirchner Naturfreundehaus (14 B., 29 L.; im Juli und August durchgehend, sonst nur an den Wochenenden geöffnet).
Sehenswertes: Die Schiebbögen in der Flatzer Wand. Die Harzföhrenwälder am Gösing. Der Tiefblick vom Gösing-Aussichtspunkt in das Sierningtal.

Wenn in den Tagen nach Allerheiligen die meisten Bergwanderer ihre Ausrüstung in den Schubladen verstauen und Unentwegte bereits ans Skifahren denken, dann ist die Zeit für Streifzüge durch die Wälder und Steilwände rund um das Dörfchen Flatz gekommen. Die südoffene Mulde speichert die Wärme der schon tief stehenden Sonne und läßt Erinnerungen an den Sommer wach werden.

Vom **Parkplatz** die **»Wandstraße«** (blau, gelb, und grün bez.) nach Westen weiter aufwärts, später durch einen Hohlweg zu einer Weggabelung (15 Min.). Rechts ab und auf dem rot bez. **Fürststeig** über bewaldete Hänge mäßig steil hinauf zu den Felsen. Auf dem mit Holzleitern und Drahtseilen gesicherten Pfad durch die romantischen **Schiebbögen** (Reste eines weitverzweigten Höhlensystems) in einen Graben und durch ihn empor zu

querendem Weg. Diesen entlang der Felsabbrüche (prachtvolle Tiefblicke) nach links zum **Neunkirchner Naturfreundehaus**, 722 m.
Vom Haus den breiten Fahrweg nach Südwesten hinab zum Wegkreuz beim **Flatzer Anger** zwischen Flatzer Wand und Gösing (5 Min.). Nach Süden 200 m weiter zu neuerlicher Teilung. Hier rechts und auf gutem Weg in weitausholenden Windungen durch Harzföhrenwälder nach Südwesten empor auf den bewaldeten Gipfel des **Gösing** (898 m, Bänke; keine Rundsicht). Knapp westlich unterm Gipfel befindet sich ein **Aussichtspunkt** (Tiefblick über Steilwände und Waldflanken in das Sierningtal).
Abstieg: Den rot bez. Weg, mehrere Forststraßen querend, nach Osten abwärts zum **Schönbühel**. Durch dessen Südflanke steil hinab bis fast zu den Wiesen von **Hintenburg**. Bei einer Wegteilung den blau und gelb bez. Weg 100 m nach rechts abwärts zu einem gelb bez. Querweg. Auf diesem durch schönen Wald in Nordrichtung fast eben nach **Flatz**.

Herbst im Talkessel von Flatz.

22 Von Puchberg nach Gutenmann

In die Waldeinsamkeit der Grünbacher Berge

Puchberg – Himberg – Gutenmann – Gasthof Edenhof – Puchberg

Talort: Puchberg am Schneeberg, 585 m. Östlich des Schneeberges, in einem weiten Talbecken gelegener Urlaubsort.
Ausgangspunkt: Bahnhof im Ortsgebiet von Puchberg, 585 m.
Parkmöglichkeit: Parkplätze beim Bahnhof in Puchberg.
Gehzeiten: Puchberg – Himberg 1 – 1¼ Std., Himberg – Gutenmann 1½ Std., Gutenmann – Puchberg (Ziehrerweg) 1¼ Std.; Gesamtgehzeit 3¾ – 4 Std.
Anforderungen: Einfache Wanderung. Ausdauer nötig.
Höhenunterschiede: 540 m im An- und Abstieg.
Höchster Punkt: Himberg, 948 m.
Einkehrmöglichkeiten: Himberghaus (keine Nächtigung; im Mai und Oktober an Wochenenden, von Anfang Juni bis Ende September durchgehend geöffnet; Montag Ruhetag), Ghf. Bock (8 B., ganzj. offen; kein Ruhetag!), Ghf. Edenhof (10 B., ganzj. geöffnet; Dienstag Ruhetag).
Sehenswertes: Vom Himberg und vom Anstieg zu ihm prächtiger Schneebergblick.

Der Himberg am Ostrand des Puchberger Beckens ist seit Stillegung des alten Sesselliftes ein recht einsamer, vernachlässigter Berg geworden. Bestimmt zu Unrecht, denn von seinen Anstiegswegen und vom Gipfel genießt

Der Urlaubsort Puchberg vor dem mächtigen Schneebergmassiv.

man wunderbare Ausblicke auf Puchberg und zum allgewaltigen Schneeberg. Wir empfehlen, sich mit seiner Besteigung nicht zu begnügen, sondern die Wanderung über die Waldkämme der Grünbacher Berge bis nach Gutenmann fortzusetzen.

Vom Bahnhof in **Puchberg** die Bahnhofstraße kurz nach Osten zu querender Straße. Diese in Richtung Ternitz 100 m nach rechts (S), dann links auf gelb bez. Weg über den Sierningbach und auf Steig durch Föhrenwald den Nordwesthang des Himberges hoch zu einer Verzweigung. Hier rechts auf rot bez. Weg den steilen Hang in Kehren hinauf zum **Himberghaus**, 948 m. Auf ebenem Fahrweg (Linksabzweigung zur Allelujahöhle) entlang der Kammhöhe nach Osten zu einer Teilung. Links einen Karrenweg abwärts, später rechts hinauf zu einem Sattel und auf rot bez. Steig um den bewaldeten **Kienberg** herum und auf einem Karrenweg bis zu seinem Ende, am Rande einer großen Wiese (Zaun, Schneebergblick). Nun auf Steig, entlang dieses Zaunes und dem Waldrand nach Osten, später durch Wald abwärts zu einem Sattel (Jagdhaus). Hinter dem Haus rechts kurz abwärts, dann links haltend auf bequemem Weg in Richtung Gutenmann. Bei einer Bergkante rechts ab und auf schmalem Steig, zuletzt über Wiesen zum **Ghf. Bock**. Nun entweder die Straße oder besser den alten, spärlich grün bez. Weg, vom Ghf. Bock links, ziemlich direkt hinab zur Sierningtalstraße und auf dieser 500 m nach rechts zum **Ghf. Edenhof**, 530 m. Über eine Brücke an das südliche Ufer des Sierningbaches und dort den romantischen **Ziehrerweg**, am Bach entlang, nach **Hohenfall**. Wieder an das nördliche Ufer und über schöne Wiesen in Nordwestrichtung nach **Puchberg**.

23 Mamauwiese, Sebastian-Wasserfall

Attraktionen am Rande des Puchberger Beckens

Sonnleiten – Fadengraben – Sebastian-Wasserfall – Römerstraße – Gasthof Mamauwiese

Talort: Puchberg am Schneeberg, 585 m. Östlich des Schneeberges, in einem weiten Talbecken gelegener Urlaubsort.
Ausgangspunkt: Sonnleiten, 664 m. Weiler an der Mündung des Fadengrabens in das innere Puchberger Becken, 3 km von Puchberg.
Parkmöglichkeit: Kleine Parkplätze im Ortsbereich von Sonnleiten.
Gehzeiten: Anstieg Sonnleiten – Ghf. Mamauwiese 1 – 1¼ Std., Rückweg ¾ Std.; Gesamtgehzeit 1¾ – 2 Std.
Anforderungen: Kurze, einfache Wanderung auf gut bez. Wegen.
Höhenunterschied: 300 m.
Höchster Punkt: Ghf. Mamauwiese, 957 m.
Einkehrmöglichkeiten: Wasserfall-Wirtshaus (keine Nächtigung, vom 1. April bis 10. Januar geöffnet; Montag und Dienstag Ruhetag), Ghf. Mamauwiese (20 B., 42 L.; im November und März geschlossen, sonst immer geöffnet; Mittwoch Ruhetag).
Sehenswertes: Der 40 m hohe Sebastian-Wasserfall im Fadengraben, am eindrucksvollsten zur Zeit der Schneeschmelze. Die Mamauwiese am Sattel zwischen dem Dürre-Wand-Massiv und dem Schneeberg.

Die Mamauwiese gehört fraglos zu den Kleinodien des Schneeberggebietes. Ihr Besuch darf daher in dieser Auswahl nicht fehlen. Zwischen Puchberger Becken und Klostertal gelegen, bietet sie einen letzten Ruhepunkt vor dem im mächtigen Schwung aufstrebenden Hochschneeberg. Das Gasthaus auf der Mamauwiese ist ein beliebtes und rege besuchtes, aus dem Klostertal auch mit dem Auto erreichbares Ausflugsziel. Zu den interessantesten Zugängen gehört jener von Süden durch den Fadengraben, am romantischen Sebastian-Wasserfall vorbei. Eine dankbare Wanderung, für die man sich ruhig einen ganzen Tag Zeit nehmen kann.

Der stäubende Sebastian-Wasserfall im Fadengraben.

Von **Sonnleiten** auf asphaltiertem Fahrweg in Nordwestrichtung vorerst eben, dann steiler aufwärts in den **Fadengraben** und dort durch eine kurze Felsklamm (mit dem **Wasserfall-Wirtshaus**) zu einem schönen, licht bewaldeten Talboden. Über ihn sanft aufwärts zu einer Felswand mit dem **Sebastian-Wasserfall**. Links von ihm durch Mischwald nach Nordwesten steil empor in den oberen Grabenbereich und über den Bach nach rechts zu querendem Weg. Auf ihm den bewaldeten Graben in Nordwestrichtung aufwärts, später steiler empor zur **»Römerstraße«** (Weg Nr. 206). Diese linkshaltend hinauf und wieder in die Sohle des Fadengrabens. Dort nach Norden zu einer Anhöhe mit Wegverzweigung beim ehemaligen Sebastiankreuz am Südrand der **Mamauwiese**. Geradeaus über die Wiese zu querendem Fahrweg. Auf ihm kurz nach rechts, dann linkshaltend zum **Ghf. Mamauwiese**, 957 m. **Abstieg** auf gleichem Wege.

24 Dürre-Leiten-Runde

Anspruchslose Höhenwanderung im Schatten des Puchberger Riesen

Schneeberglift-Bergstation – Fadensattel – Dürre Leiten – Gasthof Mamauwiese – Schneeberglift-Talstation

Talorte: Puchberg am Schneeberg, 585 m, Urlaubsort in einem Talkessel östlich des Schneebergs. Losenheim, 750 m, Weiler im inneren Puchberger Becken.
Ausgangspunkt: Bergstation des Schneeberg-Doppelsesselliftes, 1220 m, nördlich überm Fadensattel. Talstation, 871 m, am Oberrand der Fadenwiese in Losenheim. Betrieb von Pfingsten bis 30. September täglich 9.00 – 12.00 Uhr und 13.00 – 17.00 Uhr, an Wochenenden und Feiertagen ab 8.00 Uhr. Im April, Mai, Oktober und November Wochenend- und Feiertagsbetrieb.
Parkmöglichkeit: Großparkplatz an der Schneeberglift-Talstation, 7 km von Puchberg, 1 km vom Ort Losenheim.
Gehzeiten: Schneeberglift-Bergstation – Fadensattel – Gasthof Mamauwiese 1¾ Std., Gasthof Mamauwiese – Schneeberglift-Talstation ¾ Std.; Gesamtgehzeit 2½ Std.
Anforderungen: Leichte Wanderung auf gut bez. Wegen.
Höhenunterschiede: 120 m im Anstieg, 470 m im Abstieg.
Höchster Punkt: Dürre Leiten, 1249 m.
Einkehrmöglichkeiten: Liftstüberl und Almreserlhaus (keine Nächtigung, bei Betrieb des Schneeberglifts geöffnet), Sparbacherhütte (16 B., 81 L.; ganzj. offen), Edelweißhütte (9 B., 14 L.; ganzj. offen), Ghf. Mamauwiese (20 B., 42 L.; im Nov. und März geschlossen, sonst offen; Mittwoch Ruhetag), Ghf. Gschaiderhof (10 B., vom 1. Mai bis 30. Sept. durchgehend, sonst an Wochenenden geöffnet).
Sehenswertes: Von der Dürren Leiten Prachtblick zum Hochschneeberg. Die liebliche Landschaft der Mamauwiese.

Der Sessellift von Losenheim zum Fadensattel am Schneeberg ist eine Rarität im Reich der Wiener Hausberge. Die Überschreitung der Dürren Leiten wird durch seine Benützung wesentlich verkürzt. Vom Scheitel dieses Berges genießt man einen faszinierenden Schneebergblick. Später, an der traumhaften Mamauwiese, ist Müßiggang angebracht, bevor man sich dem gemütlichen Waldsteig zurück nach Losenheim anvertraut.

Von der **Schneeberglift-Bergstation** den Fahrweg nach Süden hinab zum **Fadensattel**, 1209 m, und jenseits hoch zur **Edelweiß- und Sparbacherhütte**, 1248 m. Zurück zur Liftstation und dort den Weg Nr. 201 und 231 geradeaus, nordwärts, die Putzwiese hinauf zur **Dürren Leiten**, 1249 m. Am Waldkamm abwärts zu einer Teilung. Links steil nach Nordosten hinab zur **»Römerstraße«** beim ehem. Sebastiankreuz. Auf ihr links über die **Mamauwiese**, dann auf Fahrweg nach rechts zum **Ghf. Mamauwiese**, 957 m. Zurück zum ehem. Sebastiankreuz und die »Römerstraße« gerade weiter zu einer Teilung. Rechts im Wald steil nach Südwesten hoch zu einer Schulter und jenseits die Schabrunstwiese abwärts, später auf Fußweg durch Wald nach rechts (S) hinab zum **Ghf. Gschaiderhof**, 831 m. Weiter zu querender Asphaltstraße und diese nach rechts zur **Schneeberglift-Talstation**.

Blick vom Gipfel der Dürren Leiten zum Kuhschneeberg.

25 Schneeberg – Fadensteig

Für Geübte der lohnendste Weg zum Gipfel

Schneeberglift-Bergstation – Fadensteig – Kaiserstein – Klosterwappen

Talorte, Ausgangspunkt, Parkmöglichkeit: Siehe Tour 24.
Gehzeiten: Schneeberglift-Bergstation – Klosterwappen 2¼ – 2¾ Std., zurück 1½ Std.; Gesamtgehzeit 3¾ – 4¼ Std.
Anforderungen: Lange, anspruchsvolle Tour. Nur für geübte, trittsichere und schwindelfreie Bergwanderer bei trockenem Wetter.
Höhenunterschiede: 910 m im An- und Abstieg.
Höchster Punkt: Klosterwappen, 2076 m.
Einkehrmöglichkeiten: Almreserlhaus an der Schneeberglift-Bergstation (keine Nächtigung, bei Liftbetrieb geöffnet), Edelweißhütte (9 B., 14 L.; ganzj. offen), Sparbacherhütte (16 B., 81 L.; ganzj. offen), Fischerhütte (12 B., 40 L.; vom 1. Mai bis 1. Nov. geöffnet).
Sehenswertes: Der Tiefblick vom Kaiserstein in das Puchberger Becken. Das umfassende Panorama vom Klosterwappen.
Hinweis: Vom Fadensattel kann man auch zu Fuß nach Losenheim gelangen. Zusätzlicher Zeitaufwand ¾ Std.

Wer sich als Bergwanderer mehr zutrauen darf als ein anspruchsloses Allerweltsprogramm, der besteigt den Schneeberg vorteilhaft über den Fadensteig. Die Route folgt dem langen Nordkamm und vermittelt auf rund

Blick von Norden auf den Hochschneeberg mit den Fadenwänden.

900 Meter Höhendifferenz ein Optimum an Abwechslungsreichtum und landschaftlicher Schönheit. Doch Vorsicht an Schönwetter-Wochenenden im Frühjahr und Herbst, wenn es hunderten von Wiener Bergfreunden partout nach Sonne, Höhe und Freiheit gelüstet und sich am Fadensattel ganze »Karawanen« in Bewegung setzen. Da lohnt sich mal ein arbeitsfreier Wochentag: Man wird seinen Hausberg nicht wiedererkennen.

Von der **Schneeberglift-Bergstation** auf Fahrweg nach Süden hinab zum **Fadensattel**, 1209 m, und jenseits empor zur **Edelweiß- und Sparbacherhütte**, 1248 m. Den bez. Weg Nr. 801 nach Süden hinauf zu einem Gatter, dann den bewaldeten Hochschneeberg-Nordrücken in Windungen und Kehren steil aufwärts zu einem Felsaufschwung, der rechts über Schrofen umgangen wird. Den vorerst noch begrünten, dann geröllbedeckten Rükken in Kehren unter die abriegelnden **Fadenwände** empor und dort nach rechts (W) in eine kleine Schlucht. Unterhalb einer Wand quer durch die steile, schrofige Geröllflanke nach rechts (W) aufwärts, später südwärts über begrünte Felsstufen zur Wiesenschulter am Oberrand der Fadenwände. Nun auf gutem Weg (Stangenmarkierung) den breiten, grasigen Gipfelrücken mäßig steil nach Süden aufwärts zur **Fischerhütte** (2049 m) und über einen begrünten Hang nach links auf den **Kaiserstein**, 2061 m. Zurück zur Fischerhütte, dann den grasigen Verbindungskamm, über den »**Mittelgipfel**« hinweg, nach Südwesten hinüber zum **Klosterwappen**, 2076 m, der höchsten Erhebung des Schneebergs und des Bundeslandes Niederösterreich. **Abstieg** auf gleichem Weg.

26 Schneeberg – Klosterwappen, 2076 m

Der einfachste Weg auf den höchsten Berg Niederösterreichs

Zahnradbahn-Bergstation – Kaiserstein – Klosterwappen – Zahnradbahn

Talort: Puchberg am Schneeberg, 585 m. **Ausgangspunkt:** Zahnradbahn-Bergstation, 1792 m, am Schneebergplateau beim Berghaus Hochschneeberg. Talstation, 585 m, in Puchberg, dort Parkplätze. Bergfahrten mit Diesel-Triebwagen »Salamander« tägl. 9.35 Uhr (1. Mai bis 1. Nov.), zusätzl. 8.30 und 11.45 (1. Juli bis 31. Aug.).Talfahrten tägl. 14.05 (1. Mai bis 1. Nov.), zusätzl. 16.20 Uhr (1. Juli bis 31. Aug.). Dampf-Nostalgiefahrten vom 1. Mai bis 1. Nov. an Wochenenden, vom 1. Juli bis 31. Aug. tägl. um 9.45 Uhr bergwärts, um 14.25 Uhr talwärts. Weitere Fahrten nach Bedarf: Tel. 02636/366120.
Parkmöglichkeit: Parkplätze beim Bahnhof in Puchberg.
Gehzeiten: Bergstation – Kaiserstein – Klosterwappen 1¼ – 1½ Std., Abstieg Klosterwappen – Zahnradbahn ¾ Std.; Gesamtgehzeit 2 – 2¼ Std.
Anforderungen: Unschwierige, jedoch hochalpine Wanderung. Gut bez. Fahr- und Fußwege (Stangenmarkierung). Besondere Vorsicht bei Nebel.
Höhenunterschied: 280 m.
Höchster Punkt: Klosterwappen, 2076 m.
Einkehrmöglichkeiten: Berghaus Hochschneeberg (50 B.), Dambockhaus (16 B., 56 L.), Fischerhütte (12 B., 40 L.); alle vom 1. Mai bis zum 1. Nov. geöffnet.
Sehenswertes: Grandioser Tiefblick vom Kaiserstein in das Puchberger Becken. Die Rundsicht vom Klosterwappen (nach Westen bis zum Toten Gebirge).
Hinweis: Von der Zahnradbahn-Bergstation kann man auch über den Hengstweg nach Puchberg abgesteigen; 2 Std.

Als östlichste Scholle der Kalkhochalpen überragt der Schneeberg seine nahe Umgebung um volle 1500 Meter. Sogar aus der ungarischen Pußta

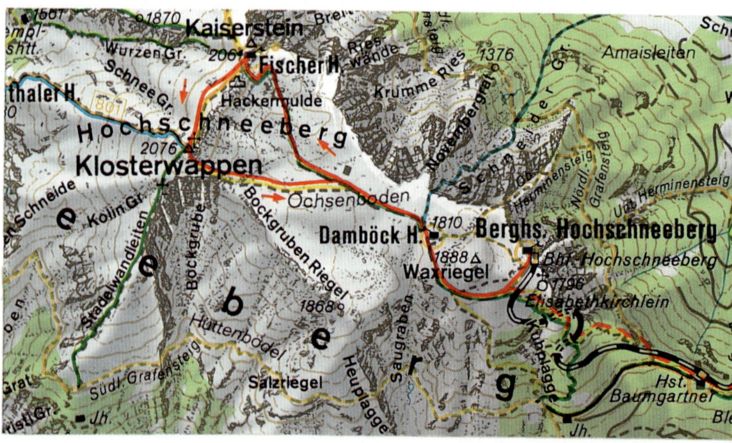

Die Zahnradbahn auf den Hochschneeberg (Dampf-Nostalgiezug).

gewahrt man den Riesen, dessen zentrales Gipfelplateau, der Hochschneeberg, durch eine 1897 errichtete Bergbahn von Puchberg her erschlossen wird. Da es in Österreich nur noch wenige Zahnradbahnen zu bewundern gibt, ist der Ansturm besonders an Wochenenden enorm. Von der Bergstation ist man nach eineinhalb Stunden problemlosen Wanderns am höchsten Punkt, dem Klosterwappen. Ein an klaren Tagen fast grenzenloses Panorama bildet den Höhepunkt der Tour.

Von der **Zahnradbahn-Bergstation** auf Fahrweg anfangs westwärts, dann links um den Waxriegel herum nach Norden empor zu einer Anhöhe und jenseits zu dem in einer Dolinenmulde gelegenen **Damböckhaus**, 1810 m. Den Fahrweg über Wiesen in Nordwestrichtung aufwärts zu einer Verzweigung. Rechts hinauf in einen Sattel und jenseits in die Mulde des **Krummriesgrabens**. Nun über begrünte Hänge in Kehren nach Norden empor zur **Fischerhütte**, 2049 m, und rechtshaltend zum Gipfel des **Kaiserstein,** 2061 m. Von der **Fischerhütte** den grasigen Verbindungskamm, über den **»Mittelgipfel«** nach Südwesten hinüber zum **Klosterwappen**, 2076 m.

Abstieg: Vom **Klosterwappen** auf bez. Weg einen begrünten Steilhang südostwärts in Kehren hinab in einen Sattel. Linkshaltend den breiten Wiesenweg (Stangenmarkierung) nach Osten abwärts zum bekannten Fahrweg und diesen zurück zur **Zahnradbahn-Bergstation**.

27 Schneeberg: Nördlicher Grafensteig

Faszinierender Höhenspaziergang über dem Puchberger Becken

Schneeberglift-Bergstation – Fadensattel – Nördlicher Grafensteig – Zahnradbahn-Station Baumgartner

Talorte: Puchberg am Schneeberg, 585 m, Urlaubsort in einem Talkessel östlich des Schneebergs. Losenheim, 750 m, Weiler im inneren Puchberger Becken.
Ausgangspunkt: Bergstation des Schneeberg-Doppelsesselliftes, 1220 m, nördlich überm Fadensattel. Talstation, 871 m, am Oberrand der Fadenwiese in Losenheim. Betrieb von Pfingsten bis 30. September täglich 9.00 – 12.00 Uhr und 13.00 – 17.00 Uhr, an Wochenenden und Feiertagen ab 8.00 Uhr. Im April, Mai, Oktober und November Wochenend- und Feiertagsbetrieb.
Parkmöglichkeit: Großparkplatz an der Schneeberglift-Talstation, 7km von Puchberg, 1 km vom Ort Losenheim.
Gehzeit: Insgesamt 3½ – 4 Std.
Anforderungen: Anstrengende Wanderung auf bez. Steigen. Im Frühjahr nicht vor Ausaperung der Flanke anzuraten. Bergerfahrung nötig.
Höhenunterschiede: 180 m im Anstieg, 330 m im Abstieg.
Höchster Punkt: P 1427 am Nördlichen Grafensteig.
Einkehrmöglichkeiten: Liftstüberl und Almreserlhaus (keine Nächtigung, bei Betrieb des Schneeberglifts geöffnet), Edelweißhütte (9 B., 14 L.; ganzj. offen), Sparbacherhütte (16 B., 81 L.; ganzj. offen), Schutzhütte Station Baumgartner (20 B., vom 1. Mai bis 1. Nov. geöffnet).
Sehenswertes: Aufblicke in die großartige Schneeberg-Ostflanke. Wunderbare Tiefblicke ins Puchberger Becken.
Hinweis: Von der Station Baumgartner kann über den Hengstweg nach Puchberg abgestiegen werden. Zeitaufwand 1¼ – 1½ Std.

Keiner der Wanderwege rings um Wien kommt den beiden Grafensteigen gleich, die den mächtigen Schneeberg etwa entlang der Waldgrenze umrunden. Ausdauernden Bergsteigern vermittelt ihre Begehung unvergeßliche Stunden in beeindruckender Hochgebirgslandschaft. Mehrere Schutzhäuser lassen eine Unterteilung der Runde in zwei Tagesetappen zu. Der hier beschriebene Nördliche Grafensteig quert die gegen Puchberg gerichtete, von gewaltigen Schuttkaren durchzogene Ostflanke des Berges, wobei als Ausgangspunkt der von Losenheim per Sessellift erreichbare Fadensattel gewählt wird.

Von der **Schneeberglift-Bergstation** auf Fahrweg nach Süden hinab in den **Fadensattel**, 1209 m, und jenseits hoch zur **Edelweißhütte**, 1235 m. Dort links den rot bez. **Nördlichen Grafensteig** durch eine Waldflanke auf und ab nach Südosten in die **Lahningries**. Hinauf an eine Bergkante und weiter zur Wiesenschulter des Nandlbodens. Eben nach rechts (SW) in den Nandlgraben, dann südostwärts hinauf zur Anhöhe des Hansenriegels und jenseits über Geröll hinab zur **Bürkle-Rettungshütte**, 1287 m. Im Wald weiter abwärts an den Unterrand der **Breiten Ries**. Dort eben durch Latschen und Felsblöcke, später über eine Schulter hinweg in die **Krumme Ries**. Nach Osten empor zur Felskanzel »Sitzstatt«, 1376 m. An einer Quelle vorbei südwärts in den **Schneidergraben,** dann durch Latschen in Ostrichtung hinauf an eine Bergkante. Nun an steiler Waldflanke entlang zum Südostrücken des Waxriegels. Jenseits über das Gleis der **Schneeberg-Zahnradbahn** zu querendem Karrenweg und diesen links hinab zur **Station Baumgartner**, 1394 m. Nun mit der **Zahnradbahn** – planmäßiger Zug um 14.24 Uhr (1. Mai bis 1. Nov.), zusätzlich um 16.39 Uhr (1. Juli bis 31. Aug.), an Wochenenden auch Bedarfszüge – nach Puchberg und weiter per **Bus** (mehrmals täglich; letzter Bus an Werktagen um 15.28 Uhr, sonst um 16.55 bzw. 17.00 Uhr) oder Taxi zur **Sessellift-Talstation** in **Losenheim**.

28 Schneeberg: Südlicher Grafensteig

Alle Herrlichkeit der Wiener Hausberge

Zahnradbahn-Station Baumgartner – Kienthaler Hütte – Fadensattel

Talort: Puchberg am Schneeberg, 585 m, Urlaubsort in einem Talkessel östlich des Schneebergs.
Ausgangspunkt, Parkmöglichkeit: Zahnradbahn-Station Baumgartner, 1394 m, am SO-Rücken des Waxriegels über dem Kaltwassersattel. Talstation in Puchberg, 585 m; Parkplätze. Abfahrtszeiten für Bergfahrten mit der Zahnradbahn ab Puchberg siehe Tour 26.

Gehzeiten: Baumgartner – Kienthaler Hütte 3 – 3½ Std., Hütte – Fadensattel 2 Std.; Gesamtgehzeit 5 – 5½ Std.
Anforderungen: Anstrengende Tour mit gesicherten Felspassagen. Trittsicherheit, Schwindelfreiheit und Ausdauer nötig!
Höhenunterschiede: 420 m im Anstieg, 590 m im Abstieg.
Höchster Punkt: Salzriegel, 1607 m.
Einkehrmöglichkeiten: Schutzhütte Station Baumgartner (20 B.; 1.5. bis 1.11. offen), Kienthaler Hütte (10 B., 30 L.; Ostern – 1.11. an Wochenenden und Feiertagen offen), Sparbacher- (16 B., 81 L.;) und Edelweißhütte (9 B., 14 L.) ganzj. offen, Almreserlhaus (bei Liftbetrieb geöffnet).
Sehenswertes: Ausblicke ins Höllental .
Hinweis: Vom Fadensattel Abstieg nach Losenheim möglich, ¾ Std.

Die Kienthaler Hütte an der Westseite des Schneeberges ist ein gemütlicher, doch leider nur an Wochenenden beaufsichtigter Bergsteigerstützpunkt. Sie hat in der Weichtalklamm (Tour 31) einen besonders attraktiven Zugang aus dem Höllental. Großer Beliebtheit erfreut sich die traditionelle »Kienthaler Bergmesse«, die alljährlich im September abgehalten wird.

Dem Nördlichen Grafensteig (Tour 27) steht eine ähnliche Anlage an der West- und Südseite des Schneeberges gegenüber. Zusammen ergeben sie einen famosen Ring-Höhenweg, der dem Wanderer die unverwechselbaren, besonderen Schönheiten der Wiener Hausberge offenbart.
Von der **Station Baumgartner** auf Karrenweg neben der Schneebergbahn nach Westen aufwärts. Bei Wegteilung links durch die Südflanke des Waxriegels in eine Wiesenmulde. Auf dem **Südlichen Grafensteig** geradeaus weiter in den **Saugraben** und aus ihm über Felsstufen (Drahtseil) und Wiesen hoch zum **Salzriegel**, 1607 m. Die latschenbewachsenen Schrofen steil nach Nordwesten hinunter, dann lange Hangquerung in die **Bockgrube**. Jenseits steil und exponiert (Kettensicherung) nach links empor an eine Bergkante und eben zur Stadelwandleiten. In die Westseite des Schneeberges und dort unter den Schiefermäuern hinunter in den **Lahngraben**, schließlich hinaus zur Schönleitenwiese. In Nordrichtung abwärts und bei

Das Schneeberg-Massiv von Südwesten (Rudolfsteig/Raxalpe).

Die Sparbacherhütte am Fadensattel.

Wegteilung links zur **Kienthaler Hütte**, 1380 m. Von der erwähnten Teilung links den **Fadenweg** durch Wald nordwärts hinauf zum **Fleischer-Gedenkstein**, 1528 m. Über das **Kuhschneeberg-Plateau**, dann durch die **Trenkwiesenschlucht** nach Nordosten hinunter, zuletzt auf Fußweg an Waldhängen entlang nach rechts (O) zur **Sparbacher- und Edelweißhütte**. Den Fahrweg nach Norden hinab zum **Fadensattel** (1209 m) und jenseits empor zur **Schneeberglift-Bergstation**, 1220 m. Mit ihm (Betrieb von Pfingsten bis 30. Sept. täglich von 9.00 bis 12.00 Uhr und von 13.00 bis 17.00 Uhr; im April, Mai, Okt. und Nov. nur an Wochenenden und Feiertagen) nach **Losenheim** und weiter per Bus (verkehrt mehrmals täglich; letzter Bus an Werktagen um 15.50 Uhr, sonst 17.13 Uhr) oder Taxi nach **Puchberg**.

29 Gahns und Bodenwiese

Zur Pußta des Schneeberges

Payerbach – Gasthof Hochberger – Waldburgangerhütte – Friedrich-Haller-Haus – Eng – Payerbach

Talort: Payerbach, 483 m. Sommerfrische in einem Talbecken an der Schwarza.
Ausgangspunkt, Parkmöglichkeit: Bhf. Payerbach, 493 m. Parkplatz.
Gehzeiten: Payerbach – Waldburgangerhütte 1½ – 1¾ Std., Waldburgangerhütte – Friedrich-Haller-Haus 1¼ – 1½ Std., Abstieg Haller-Haus – Eng – Payerbach 1¼ Std.; Gesamtgehzeit 4 – 4½ Std.
Anforderungen: Unschwierige, aber lange und anstrengende Wanderung.
Höhenunterschiede: 840 m im An- und Abstieg.
Höchster Punkt: Friedrich-Haller-Haus, 1250 m.
Einkehrmöglichkeiten: Ghf. Hochberger (keine Nächtigung, ganzjährig offen), Waldburgangerhütte (13 B., 10 L.; vom 1. Mai bis 26. Oktober am Samstag, Sonntag und Feiertag geöffnet), Friedrich-Haller-Haus (22 B., 40 L.; vom 15. Januar bis Ostern geschlossen, sonst immer geöffnet).
Sehenswertes: Die riesige Bodenwiese am bewaldeten Gahnsplateau. Die Felsklamm der »Eng« mit den Resten einer alten Holzrutsche.
Hinweis: Vom Friedrich-Haller-Haus lohnende Besteigung des Krummbachstein, 1602 m. Gesamter Zeitaufwand 1½ Std.

Wie überall gibt es auch in den Kalkhochalpen bei Wien vernachlässigte, stille Bezirke. Zu ihnen gehört unbedingt das Waldplateau des Gahns im südlichen Schneeberggebiet. Auf die »große Landschaft« muß man dort freilich verzichten. Dennoch, wer die hier propagierte Route über die Bodenwiese – eine wahre »Pußta am Berg« – und durch die romantische Eng-Klamm begeht, wird mit dem Gesehenen zufrieden, von dem Gebotenen beglückt sein.

Vom **Bhf. Payerbach** kurz nach Westen, dann auf Straße rechts unter der Bahn durch zu einer Teilung. Rechts die Straße durch Wiesen und Obstgärten in Nordostrichtung empor nach **Geyerhof** (542 m) und durch Wald weiter zu den Wiesen beim **Ghf. Hochberger**, 648 m. Hinauf in den Wald und dort auf breitem Weg empor zu einer Kanzel, dann nach links (W) hoch zu einem Sattel (links zur nahen **Jubiläumswarte** am **Geyerstein**, 992 m). In Nordrichtung weiter aufwärts, später durch die Südflanke des Gahns nach rechts (NO) hinauf zu einer Forststraße. Diese 100 m nach rechts, dann linkshaltend empor zur **Waldburgangerhütte**, 1182 m, am Gahnsplateau. Auf einer Naturstraße (Weg Nr. 834) über die ebene **Bodenwiese** nach Norden zu scharfer Rechtskurve. Links ab und auf Fußweg am linken Wiesenrand weiter zu querender Naturstraße. Auf ihr nach links (W) und im Auf und Ab über die bewaldete **Gahnshochfläche** zum **Friedrich-Haller-Haus**, 1250 m.

Abstieg: Die Straße 150 m zurück, dann rechts und auf einem bezeichneten Steig den **Promiskagraben** nach Südosten hinunter in den **Lacka-**

bodengraben. Durch ihn steigen wir abwärts, später durch die Felsklamm der »**Eng**« in Südrichtung hinab in den Thalgraben. Dort bald auf einer Naturstraße talaus und im Linksbogen nach **Schneedörfl**, 557 m. Gleich nach dem Ort über einen Steig nach rechts hinunter und auf einer Straße weiter zum **Bahnhof Payerbach**.

30 Stadelwand, 1407 m – Hochgang, 1217 m

Im Steilanstieg auf zwei südliche Schneeberg-Trabanten

Weichtalhaus – Stadelwandgraben – Stadelwand – Hochgang

Talorte, Ausgangspunkt, Parkmöglichkeit: Siehe Tour 31.
Gehzeiten: Weichtalhaus – Stadelwand 2¼ – 2½ Std., Übergang Stadelwand – Hochgang ¾ – 1 Std., Abstieg Hochgang – Weichtalhaus 1 Std.; Gesamtgehzeit 4 – 4½ Std.
Anforderungen: Unschwierige, aber anstrengende Wanderung auf unbezeichneten und steilen Steigen, z.T. auch im weglosen Gelände. Trittsicherheit und Ausdauer nötig.
Höhenunterschiede: 920 m im An- und Abstieg.
Höchster Punkt: Stadelwand, 1407 m.
Einkehrmöglichkeiten: Weichtalhaus (10 B., 40 L.; im März und November an Wochenenden, vom 1. April bis 31. Oktober durchgehend geöffnet), Gasthof »Zum Kaiserbrunnen« (25 B.; vom 1. November

bis 30. April geöffnet, Dienstag Ruhetag). Unterwegs keine Einkehrmöglichkeit.
Sehenswertes: Von beiden Gipfeln prächtige Ausblicke zur Raxalpe und in das Höllental.
Hinweis: Als Ausgangspunkt kann auch der Parkplatz an der Mündung des Stadelwandgrabens in das Höllental dienen; oft überfüllt. ½ Std. Zeitersparnis.

Im Lauf der Schwarza bildet das zwischen Schneeberg und Rax eingeschnittene Höllental den landschaftlichen Höhepunkt. Die gewaltigen Wandbildungen im Großen Höllental (Rax) sowie an Stadelwand und Hochgang (Schneeberg) bieten Bergsteigern und Kletterern ein reiches Betätigungsfeld. Diese Gipfel können über die Normalrouten auch von ausdauernden Wanderern besucht werden. Das Unternehmen lohnt mit atemberaubenden Tiefblicken und wunderbarer Schau gegen das Raxplateau.
Vom **Weichtalhaus** die Höllentalstraße südostwärts in Richtung Payerbach-Reichenau zur Mündung des **Stadelwandgrabens** (10 – 15 Min., Parkplatz). Rechts auf unbez. Steig durch den bewaldeten Graben z.T. in Kehren nach Nordosten aufwärts, dann rechts neben einem Geröllfeld – erster Aufblick zur 400 m hohen Stadelwand – weiter, schließlich durch Wald in weiten Kehren empor zum **Stadelwandsattel**, 1139 m, zwischen Hochgang und Stadelwand, 1¾ – 2 Std. Jenseits vorerst eben, später in weiten Serpentinen nach links hinauf zu kleiner Waldwiese mit **Jagdhütte** (auch Rettungshütte). Nun über den schrofigen Gipfelgrat in wenigen Minuten nach Südwesten empor zum höchsten Punkt der **Stadelwand**, 1407 m. Zurück zum **Stadelwandsattel**. Nun durch Hochwald nach Süden aufwärts an den Hochgang-Nordgrat. Links unterhalb der Felsschneide in Südrich-

tung weiter, dann über einen breiten Rücken steil nach rechts (W) empor zum Gipfel des **Hochgang**, 1217 m.
Abstieg zum Weichtalhaus auf bekannter Route.

Herbststimmung im Stadelwandgraben.

31 Weichtalklamm

Wilde Steilschlucht an der Höllental-Seite des Schneeberges

Weichtalhaus – Weichtalklamm – Kienthaler Hütte – Ferdinand-Mayr-Weg – Weichtalhaus

Talorte: Payerbach, 483 m, und Reichenau, 484 m, an der Schwarza in einem Talbecken südlich des Höllentales gelegen. Schwarzau im Gebirge, 617 m, am Nordeingang in das Höllental.

Ausgangspunkt, Parkmöglichkeit: Weichtalhaus, 563 m. Im mittleren Höllental gelegenes Schutzhaus mit Großparkplatz, 12 km von Payerbach bzw. Schwarzau, 9 km von Reichenau.

Gehzeiten: Anstieg Weichtalhaus – Weichtalklamm – Kienthaler Hütte 2¼ – 2¾ Std., Abstieg Kienthaler Hütte – Ferdinand-Mayr-Weg – Weichtalhaus 1¼ Std.; Gesamtgehzeit 3½ – 4 Std.

Anforderungen: Anstrengende Tour. An den größtenteils gesicherten Felspassagen ist bergsteigerische Übung nötig.

Höhenunterschied: 820 m.

Höchster Punkt: Kienthaler Hütte, 1380 m.

Einkehrmöglichkeiten: Weichtalhaus (10 B., 40 L.; im März und Nov. an Wochenenden, vom 1. April bis 31. Okt. durchgehend geöffnet; Dienstag Ruhetag), Kienthaler Hütte (10 B., 30 L.; von Ostern bis 1. Nov. an Wochenenden und Feiertagen geöffnet).

Sehenswertes: Die romantische Weichtalklamm. Die am Sattel zwischen Turmstein und Schneeberg idyllisch gelegene Kienthaler Hütte.

Hinweis: Von der Kienthaler Hütte können Geübte den Turmstein, 1416 m, über einen kurzen, aber sehr exponierten Klettersteig erklimmen. Ferner lohnende Besteigung des Klosterwappens, 2076 m, der höchsten Erhebung des Schneeberges. Zusätzlicher Zeitaufwand 3 Std.

Am Eingang in die Weichtalklamm.

Zu den beliebtesten Tourenzielen im Bereich des Höllentales gehört fraglos die wildromantische Weichtalklamm. Oft nur wenige Meter breit, durchreißt sie die Westseite des Schneeberges aus der Höllentalsohle bis zur Waldgrenze. Gute Sicherungen erleichtern das Vorwärtskommen und ermöglichen einen kurzweiligen Anstieg zu der an schönen Wochenenden vielbesuchten Kienthaler Hütte.

Vom **Weichtalhaus** auf rot bez. Weg nordwärts in den bewaldeten Weichtalgraben und dort neben dem meist trockenen Bachbett hinauf in die von hohen Wänden flankierte **Weichtalklamm**. Durch sie, über mehrere Aufschwünge (Eisenleitern, Klammern, Ketten, herausgeschlagene Tritte) hinweg und in abwechslungsreichem Anstieg zur Einmündung des Ferdinand-Mayr-Weges am oberen Ende der Klamm. Auf dem nun rot und gelb bez. Weg weiter zur **Jakobsquelle**. Vorerst noch im Graben, später links über einen Rücken gegen den Turmstein empor und am Wandfuß weiter zur **Kienthaler Hütte**, 1380 m.

Abstieg: Zurück zur Rechtsabzweigung des gelb bez. **Ferdinand-Mayr-Weges** (Nr. 801). Diesen zunächst an Waldhängen entlang, dann einen steilen Rücken in Südrichtung hinunter zu einer Holzfällerhütte. Die Flanken des Krenkenkogels eben queren, später in Kehren unterm Schwarzkogel gegen das Höllental hinab und nach links zum **Weichtalhaus**.

32 Teufelsbadstubensteig – Wachthüttelkamm

In die Felsarena des Großen Höllentales

Weichtalhaus – Teufelsbadstubensteig – Ottohaus – Wachthüttelkamm – Weichtalhaus

Talorte, Ausgangspunkt, Parkmöglichkeit: Siehe Tour 31.
Gehzeiten: Weichtalhaus – Teufelsbadstubensteig – Ottohaus 3 – 3½ Std., Abstieg Ottohaus – Wachthüttelkamm – Weichtalhaus 2 Std.; Gesamtgehzeit 5 – 5½ Std.
Anforderungen: Anspruchsvolle Tour mit teils exponierten, gesicherten Felspassagen. Trittsicherheit, Schwindelfreiheit und Ausdauer nötig.
Höhenunterschied: 1080 m.
Höchster Punkt: Ottohaus, 1644 m.
Einkehrmöglichkeiten: Weichtalhaus (10 B., 40 L.; im März und Nov. an Wochenenden, vom 1. April bis 31. Okt. durchgehend offen; Dienstag Ruhetag), Ottohaus (20 B., 36 L.; vom 1. April bis 1. Nov. offen).
Sehenswertes: Die imposanten Felsszenerien im Großen Höllental.
Hinweis: Nach Begehung des Teufelsbadstubensteiges kann – ohne das Ottohaus zu besuchen – sogleich über den Wachthüttelkamm zum Weichtalhaus abgestiegen werden; 1½ – 1¾ Std. Zeitersparnis.

Im großartigen Höllental, an den Abhängen von Rax und Schneeberg, liegt eine der Wiegen von Wiens Bergsteigertum. Sein südlicher Seitenast, das Große Höllental, präsentiert mit bis zu 800 m hohen Wänden die beeindruckendsten Hochgebirgsszenerien des Gebietes. Aus ihm führt der gesicherte Teufelsbadstubensteig durch die Hintere Loswand zum Raxplateau empor. Mit Abstieg über den ebenfalls gesicherten Wachthüttelkamm ergibt das ein lohnendes, aber anspruchsvolles Unternehmen für im Felsgelände erprobte Bergwanderer.

Vom **Weichtalhaus** über die Schwarza (Brücke) zur Bundesstraße Nr. 27. Diese 300 m nach rechts und vor einer Lawinenüberbauung kurz nach links empor zu einer Wegteilung. Den gelb bez. Weg Nr. 48 oberhalb der Straße nach rechts in eine Felsrinne. Durch sie an langer Eisenstiege (**»Schönbrunner Stiege«**) hinauf und über eine Scharte zur Straße im **Großen Höllental**. Diese durch Wald talein zur Linksabzweigung des **Teufelsbadstubensteiges** und auf ihm empor unter die Hintere Loswand. Dort den Sicherungen entlang aufwärts, später am Unterrand des **Teufelsbadstubenkessels** auf einem Felsband nach links und hinauf in eine Nische (Steigbuch). Über eine 10 m hohe Eisenleiter unter einen Überhang. Auf Band links in eine steile Mulde. Diese an Kettensicherungen empor und durch gesicherten Kamin zu einem Absatz. Links in ein steiles Geröllfeld und dieses an Ketten aufwärts, später einen bewaldeten Felsgrat empor zum **Wachthüttelkamm**. Den Kamm auf Weg Nr. 801 hinauf zum Raxplateau. Dort durch Wiesen und Latschengassen (Stangenmarkierung) südwärts zur Wegverzweigung **»Praterstern«**, 1623 m, und geradeaus zum **Ottohaus**, 1644 m.
Abstieg: Den **Wachthüttelkamm** zurück zur Einmündung des Teufelsbadstubensteiges. Am Kamm (Weg Nr. 801) weiter abwärts, später an bewaldeter Felskante (Sicherungen) hinunter zur **»Speckbacherrast«**. Über Eisenleitern nach rechts abwärts, dann auf luftigem Band unter eine Felswand mit Höhle. Nun durch die steile, felsige, aber bewaldete Flanke an Sicherungen hinab zur Höllentalstraße und zum **Weichtalhaus**.

Luftiger Anstieg über eine Leiter am Teufelsbadstubensteig.

33 Raxalpe: Jakobskogel und Preinerwand

Spektakuläre Gipfelüberschreitung am Südrand der Raxhochfläche

Raxseilbahn-Bergstation – Ottohaus – Jakobskogel – Preinerwand – Neue Seehütte – Ottohaus – Raxseilbahn

Talorte: Hirschwang, 520 m, Reichenau, 484 m, und Payerbach, 483 m. Urlaubsorte an der Schwarza, am Südeingang in das Höllental.
Ausgangspunkt: Bergstation der Raxseilbahn, 1547 m, am Gsolhirn auf dem Raxplateau. Talstation, 528 m, in Hirschwang. 1,5 km nordwestlich vom Ortszentrum. 3 km von Reichenau, 6 km von Payerbach. Die Seilbahn (Auffahrten halbstündlich) ist ganzj. von 9.00 bis 16.30 Uhr, zwischen 15.2 und 26.10. von 8.00 (8.30) bis 17.00 (18.00) in Betrieb. Auskünfte: Tel. 02666/2450 oder 2497.
Parkmöglichkeit: An der Talstation der Raxseilbahn.
Gehzeiten: Raxseilbahn-Bergstation – Ottohaus ½ Std., Ottohaus – Preinerwand – Neue Seehütte 1¾ Std., Neue Seehütte – Ottohaus 1¼ Std., Ottohaus – Raxseilbahn-Bergstation ½ Std.; Gesamtgehzeit 4 Std.
Anforderungen: Hochalpine, aber einfache Bergwanderung auf teilweise felsigen Wegen.
Höhenunterschiede: 350 m im An- und Abstieg.
Höchster Punkt: Preinerwand, 1783 m.
Einkehrmöglichkeiten: Hotel Raxseilbahn-Bergstation (70 B., ganzj. geöffnet), Ottohaus (20 B., 36 L.; vom 1. April bis 1. Nov. offen), Seehütte (12 Notlager, von Pfingsten bis 1. Nov. geöffnet).
Sehenswertes: Die Tiefblicke vom Plateaurand in das Schwarza- und Preintal. Die mauerglatte Preinerwandplatte vom Schröckenfuxkreuz.

Das große Felsplateau der Raxalpe bricht nach Süden, in das Tal von Prein, mit einer breiten Felswand ab, an deren Abbruchkante der beschriebene Steig entlangführt. Im Bereich der Preinerwand erreicht dieser Felsabsturz seine größte Mächtigkeit und in der gewaltigen Preinerwandplatte seinen

Blick vom Gatterlkreuz zum Schneeberg.

unumstrittenen landschaftlichen Höhepunkt. Besonders von der Senke zwischen Preinerwand und Trinksteinsattel bietet sich dem Wanderer ein atemberaubender Blick auf diese glatte Mauer, an der man oft Kletterer beobachten kann, wie sie an scheinbar grifflosen Felsen höherturnen. Von der **Raxseilbahn-Bergstation** auf breitem Weg in weiten Windungen bergan zum Gatterlkreuz (Schneebergblick), dann ziemlich eben zur Wegverzweigung **»Praterstern«**, 1623 m. Hier kurz nach links (S) hinauf zum **Ottohaus**, 1644 m. Nun über eine latschendurchsetzte Flanke westwärts steil hinauf zum **Jakobskogel**, 1737 m. Weiter durch Latschengassen und über schottrige Wiesenstreifen, später in aussichtsreicher Wanderung direkt am Südabbruch der Hochfläche entlang ziemlich eben zum Gipfel der **Preinerwand**, 1783 m. Auf steinigem Weg die Nordwestflanke des Berges hinunter zu einer Verzweigung und geradeaus weiter, am **Schröckenfuxkreuz** vorbei, zur **Neuen Seehütte,** 1648 m, am Sattel zwischen Preinerwand und Dreimarkstein. Zurück zur Verzweigung nach dem **Schröckenfuxkreuz**. Dort links und auf rot bez. Weg nordostwärts über die unübersichtliche Dolinen- und Latschenhochfläche des **Grünschacher** zum **Ottohaus**. Weiter auf bekanntem Weg zur **Raxseilbahn-Bergstation**.

34 Raxalpe: Um den Siebenbrunnkessel

Klassische Rundtour über den höchsten Gipfel der Raxalpe

Preiner Gscheid – Reißtaler Steig – Heukuppe – Karl-Ludwig-Haus – Predigtstuhl – Waxriegelhaus – Preiner Gscheid

Talort: Prein an der Rax, 680 m, am Südfuß der Raxalpe gelegen.
Ausgangspunkt: Preiner Gscheid, 1070 m, Senke zwischen Rax- und Kampalpe, 6 km von Prein, 12 km von Reichenau, 15 km von Payerbach.
Parkmöglichkeit: Großer Parkplatz am Preiner Gscheid.
Gehzeiten: Preiner Gscheid – Heukuppe 2½ – 3 Std., Heukuppe – Predigtstuhl 1 Std., Abstieg Predigtstuhl – Preiner Gscheid 1½ – 2 Std.; Gesamtgehzeit 5 – 6 Std.

Anforderungen: Lange, anstrengende Tour. Bergsteigerische Übung nötig.
Höhenunterschiede: 1050 m im An- und Abstieg.
Höchster Punkt: Heukuppe, 2007 m, die höchste Erhebung der Raxalpe.
Einkehrmöglichkeiten:
Karl-Ludwig-Haus (30 B., 40 L.; ganzj. offen), Waxriegelhaus (20 B., 35 L.; ganzj. offen). Zwei Gasthöfe am Preiner Gscheid (keine Nächtigung, ganzj. geöffnet).
Sehenswertes: Die umfassende Rundsicht von der Heukuppe.

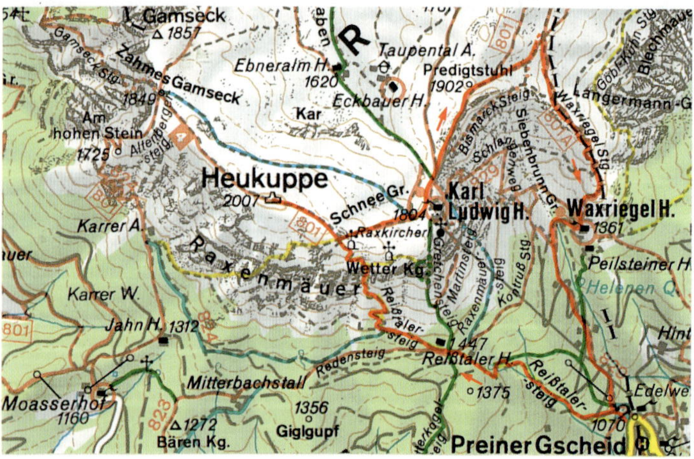

Die Besteigung der Heukuppe vom Preiner Gscheid gehört zu den klassischen Unternehmungen im Rax-Schneeberg-Gebiet. Als direkter »Zubringer« vermittelt der durch die Raxenmäuer führende, gesicherte Reißtaler Steig ein Maximum an Abwechslungsreichtum und landschaftlicher Schönheit. Hängt man noch die Überschreitung des Predigtstuhls an, so ergibt das eine großartige, aber anstrengende Umwanderung des Siebenbrunn-

Predigtstuhl, Preinerwand und Karl-Ludwig-Haus von der Heukuppe. Links im Hintergrund der Schneeberg.

kessels, die ein Wiener Bergsteiger von echtem Schrot und Korn einfach gemacht haben muß.
Vom **Preiner Gscheid** auf gelb bez. Weg (**Reißtaler Steig**) einen bewaldeten Graben nach Nordwesten aufwärts zur Einmündung des Zipperlingsteiges und durch lichten Wald (Hetzelquelle) in Kehren weiter zu einer Schulter. Kurz darauf erreicht man die an einer Forststraße gelegene **Reißtaler Hütte** (1447 m, privat), ¾ – 1 Std. Den steinigen Steig über steile Latschenflanken in Kehren hinauf zu den **Raxenmäuern** und über Geröll zu einer Wandeinbuchtung. Beginn des gesicherten Wegabschnitts. Die Einstiegswand an Eisenklammern und einem Drahtseil empor, dann im gegliederten Fels nach links zu einer ca. 10 m hohen, geneigten Eisenleiter und über sie zum Ende der Sicherungen. Weiter zu einem Gedenkkreuz, dann einen steilen, grasigen Hang in Kehren nach Nordwesten zu einem Vorgipfel empor. Nun über den breiten Gipfelrücken sanft aufwärts zur **Heukuppe**, 2007 m. Zurück zum Vorgipfel, danach links auf rot bez. Steig nach Osten hinunter zum **Karl-Ludwig-Haus**, 1804 m. Auf Weg Nr. 801 nach Norden zu einem Sattel und jenseits ansteigend zur Kuppe des **Predigtstuhls,** 1902 m. Nun durch eine Wiesenmulde nach rechts (NO) hinab zum querenden **Bismarcksteig**. Diesen 200 m nach links zu einer Verzweigung. Hier scharf rechts den steinigen **Waxriegelsteig** über den gleichnamigen Kamm nach Süden abwärts, zuletzt einen unangenehmen Hohlweg durch Latschen in Kehren hinab zum **Waxriegelhaus**, 1361 m, am Rande des **Siebenbrunnkessels**. Auf Naturstraße nach Westen zur Siebenbrunnwiese, dann links, südwärts, den Weg Nr. 829, einen Fahrweg mehrmals kreuzend, durch Wald und über Wiesen hinunter zum **Preiner Gscheid**.

35 Raxalpe: Gamsecksteig

Stille Wege in unberührter Bergeinsamkeit

Hinternaßwald – Gamsecksteig – Heukuppe – Karl-Ludwig-Haus – Habsburghaus – Kaisersteig – Hinternaßwald

Talorte, Ausgangspunkt, Parkmöglichkeit: Siehe Tour 36.
Gehzeiten: Anstieg Hinternaßwald – Heukuppe 3½ – 4 Std., Abstieg Heukuppe – Hinternaßwald 3 Std.; Gesamtgehzeit 6½ – 7 Std.
Anforderungen: Besonders lange und anstrengende Tour mit etlichen, teils gesicherten Felspassagen. Bergerfahrung, Ausdauer und sicheres Wetter nötig.
Höhenunterschied: 1300 m.
Höchster Punkt: Heukuppe, 2007 m.
Einkehrmöglichkeiten: Anton-Zimmermann-Hütte (unbewirtschaftet, ständig geöffneter Raum), Gamsecker Hütte (unbewirtschaftet), Karl-Ludwig-Haus (30 B., 40 L.; ganzj. offen), Habsburghaus (28 B., 80 L.; vom 1. Mai bis 31. Okt. offen).
Sehenswertes: Die Rundsicht von der Heukuppe. Vom westlichen Rand des Zikafahnl-Plateaus Prachtblick zu den Kahlmäuern, einem Glanzpunkt der Rax.

Als streng gehütetes Jagd-, Forst- und Wasserschutzgebiet ist Hinternaßwald eine der letzten Oasen der Ruhe im Reich der Wiener Hausberge. Wer von dort in Richtung Rax- oder Schneealpe aufbricht, muß lange Zugänge und gewaltige Höhenunterschiede in Kauf nehmen. Das gilt auch für den Gamsecksteig, der durch die nach Westen gerichtete Felsflanke des »Zahmen Gamseck« zur höchsten Erhebung der Raxalpe, der Heukuppe, emporführt. Ausdauernden Bergwanderern bietet dieser Anstieg einmalige Eindrücke in wildromantischer Bergnatur.

Von **Hinternaßwald** auf beschrankter Forststraße durch das **Reißtal** in Südrichtung zur **Rehbodenwiese** im Talschluß, 848 m. Dort auf bez. Steig nach rechts (W) hinauf an den steilen Waldrücken des **Naßriegels** und diesen südwärts in Kehren zum **Naßkamm**, 1210 m, empor. Den Querweg Nr. 401 und 801 nach links (O), später im Rechtsbogen hinauf zu einer Schulter (**Zimmermann**- und **Gamsecker Hütte**, 1330 m). Südwärts zu einer Quelle, dann einen Graben steil hoch zum Sattel, 1489 m, zwischen Hohem Gupf und Gamseck. Jenseits unterm **»Zahmen Gamseck«** durch Latschen und über Geröll hinauf an den Wandfuß. Die Schrofenwand (Drahtseile, Ketten) in Windungen nach Südosten empor zum **Raxplateau**, 1849 m. Dort längs der Stangenmarkierung über einen begrünten Rücken nach rechts (SO) hinauf zur **Heukuppe**, 2007 m.

Abstieg: Auf bez. Weg den Ostrücken des Berges hinab zum **Karl-Ludwig-Haus**, 1804 m. Den Karrenweg Nr. 801 nach Norden zum Sattel vor dem Predigtstuhl. Geradeaus und in langer Querung der Predigtstuhl-Westflanke zum **Habsburghaus**, 1785 m. Den bez. Weg Nr. 44 durch Dolinenmulden und über einen steilen Hang nach Nordwesten hinab in den **Zikafahnlgraben** und durch ihn zum bewaldeten **Zikafahnl-Plateau**. Vom westlichen Abbruchrand – mit Prachtblick zu den Kahlmäuern – den bez. **Kaisersteig** auf einem Felsband (Drahtseil) durch eine 50 m hohe Wand nach links hinunter, dann über steile Waldhänge südwärts in Kehren abwärts. Zuletzt nach rechts (NW) hinab zur **Rehbodenwiese** und zur Forststraße im **Reißtal**. Auf ihr zurück nach **Hinternaßwald**.

36 Großer Sonnleitstein, 1639 m

Sternstunden am Matterhorn der Wiener Hausberge

Hinternaßwald – Kaisersteig – Großer Sonnleitstein – Franz-Jonas-Steig – Hinternaßwald

Talorte: Schwarzau im Gebirge, 617 m, im inneren Schwarzatal. Naßwald, 600 m, im gleichnamigen Seitenast des Höllentales gelegene Gemeinde mit Ortsteil Hinternaßwald, 711 m.

Ausgangspunkt, Parkmöglichkeit: Parkplatz und Bushaltestelle in Hinternaßwald, 711 m. 5 km von Naßwald, 13 km von Schwarzau.

Gehzeiten: Anstieg Hinternaßwald – Kaisersteig – Großer Sonnleitstein 2¼ – 2½ Std., Abstieg Großer Sonnleitstein – Franz-Jonas-Steig – Hinternaßwald 1¼ – 1½ Std.; Gesamtgehzeit 3½ – 4 Std.

Anforderungen: Des zu bewältigenden Höhenunterschieds wegen anstrengende Bergtour. Im Gipfelbereich sind Trittsicherheit und Schwindelfreiheit nötig. Teils schlecht bez., verfallene Wege.

Höhenunterschied: 930 m.

Höchster Punkt: Großer Sonnleitstein, 1639 m.

Einkehrmöglichkeit: Unterwegs keine bewirtschaftete Unterkunft.

Sehenswertes: Die schöne, ungewöhnlich informative Rundsicht vom Gipfel des Großen Sonnleitstein auf Schneeberg, Rax- und Schneealpe.

Aufblick aus dem Wasseralmtal zum Ameisbühel (Schneealpe).

Auf die Frage nach dem formschönsten Gipfel der Wiener Hausberge wird einem von Kennern häufig der Große Sonnleitstein genannt. Man muß das elegante Felshorn von hohen Standorten im Osten, vom Schneeberg etwa, gesehen haben, um das zu verstehen. Seine Besteigung bietet dem Gehtüchtigen trotz beträchtlicher Anstiegshöhe keine größeren Probleme. Liebhaber unberührter Alpenwinkel finden an diesem Außenseiter ein Reservoir erhaltenswerter Bergnatur, in dem Schutzhütten bislang fehlen.

Von **Hinternaßwald** die Straße gegen das **Wasseralmtal** nach Südwesten zu einer Verzweigung. Halbrechts auf Forststraße (Weg Nr. 440) über Wiesen westwärts hinauf zur Straßenverzweigung im Auslauf des **Oselgrabens**. Hier links den blau bez. **Kaisersteig** überm Wasseralmtal nach Westen aufwärts zu einer Forststraße und diese weiter in einen Graben. Gleich nach dem Bach auf gelb bez. Steig durch Wald in Kehren nach rechts (NW) empor zur schönen **Ameiswiese** mit einem **Forsthaus der Stadt Wien** (1215 m, Brunnen). Nach Norden hinauf zu begrüntem Fahrweg und auf ihm einige Meter nach rechts, dann links ab und auf bez. Steig durch Wald nordwärts in Kehren steil gegen den Westkamm des Sonnleitstein empor. Knapp unter dem Kamm in langer Querung der Waldflanken nach rechts (O) aufwärts zur Abzweigung des **Franz-Jonas-Steiges**. Steil nach links (N) hoch, dann Querung nach rechts und neuerlich steil empor zum felsigen Gipfelgrat. Über ihn zum höchsten Punkt des **Großen Sonnleitstein** (1639 m, Gipfelkreuz und -buch).

Abstieg: Hinab zur Abzweigung des rot bez. **Franz-Jonas-Steiges** und auf ihm quer durch die Südflanke des Berges an den Südostrücken; diesen durch Wald abwärts zu einer Forststraße (Umkehrplatz). Nun rechts vom Rücken an der rechten Seite des steilen **Oselgrabens** in Serpentinen nach Südosten hinunter zur Forststraßen-Verzweigung im Auslauf des Grabens. Weiter auf bekannter Route nach **Hinternaßwald**.

37 Obersberg, 1467 m

Das Schönste wird einem nicht geschenkt!

Schwarzau im Gebirge – Hirschkogel – Waldfreundehütte – Obersberg

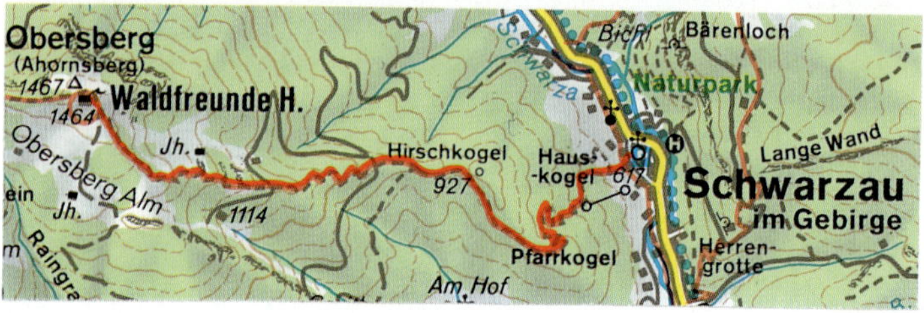

Talort: Schwarzau im Gebirge, 617 m. An der Schwarza, am Nordeingang in das großartige Höllental gelegener Erholungsort.
Ausgangspunkt: Der Hauptplatz von Schwarzau im Gebirge, 617 m.
Parkmöglichkeit: Parkplätze im Ortsgebiet von Schwarzau.
Gehzeiten: Anstieg Schwarzau – Obersberg 2 – 2½ Std., retour 1¼ Std.; Gesamtgehzeit 3¼ – 3¾ Std.
Anforderungen: Einfache, wegen des zu bewältigenden Höhenunterschieds jedoch anstrengende Tour. Unterwegs kein Wasser!
Höhenunterschiede: 850 m im An- und Abstieg.
Höchster Punkt: Obersberg, 1467 m.
Einkehrmöglichkeit: Waldfreundehütte (60 L., von Pfingsten bis 20. Sept. an Wochenenden und Feiertagen geöffnet; Winterraum).
Sehenswertes: Vom Gipfel des Obersberges großartige Schau auf Schneeberg, Rax- und Schneealpe, Gippel, Göller, Türnitzer und Gutensteiner Berge.

Nichts schadet einer genußreichen Bergtour mehr als Hetz und Eile. Trotzdem sind bei manchen Unternehmungen früher Aufbruch und zügiges Tempo angebracht, um der Fernsicht willen oder um später wieder rechtzeitig Bus und Bahn zu erreichen. Für die vorliegende Besteigung empfiehlt sich jedenfalls ein früher Start, denn der Anstieg zum Obersberg ist lang, der zu bewältigende Höhenunterschied beachtlich. Und die prachtvolle Gipfelrundsicht sollte man doch bei besten Lichtverhältnissen genießen.
Vom Hauptplatz in **Schwarzau** auf Asphaltsträßchen 150 m nach Süden auf den Kirchhügel. Dort bei der **Kaiser-Franz-Josef-Kapelle** rechts ab und den bez. Obersberg-Weg über Wiesen westwärts hinauf zu einer Verzweigung. Geradeaus durch einen seichten Graben vorerst noch über Wiesen, dann durch Wald in Serpentinen nach Südwesten hoch zu einer Bergschulter, ca. 860 m. Rechtshaltend quer durch die Südflanke des **Hirschkogels** (auch »Pfarrkogel«) in Nordwestrichtung sanft aufwärts zum Sattel westlich des Hügels. Nun am bewaldeten Ostkamm des Obersberges oder links in

seiner Südseite teilweise in Kehren aufwärts und zweimal über eine Forststraße. Dann durch Wald und über Lichtungen steil und anstrengend hinauf zu einer aussichtsreichen Wiesenschulter auf ca. 1320 m. Den breiter werdenden Gipfelrücken durch lichten Baumbestand und über Wiesen mäßig steil nach Nordwesten empor zu der wenig südlich unter dem Gipfelkamm stehenden **Waldfreundehütte**, 1464 m. Nun den bez. Steig in Richtung Preineck über Wiesen 100 m eben nach Westen, dann rechts ab und kurz hinauf zum Gipfel des **Obersberges** (1467 m, Tafel).
Abstieg auf gleicher Route.

Die Waldfreundehütte am Obersberg.

38 Handlesberg, 1370 m

Zu Unrecht vernachlässigtes Gipfelziel im Norden des Schneeberges

Schwarzau im Gebirge – Bichl – Hof Grubenfranzl – Handlesberg

Talort: Schwarzau im Gebirge, 617 m. An der Schwarza am Nordeingang in das Höllental gelegener Erholungsort.
Ausgangspunkt: Der Hauptplatz von Schwarzau im Gebirge, 617 m.
Parkmöglichkeit: Im Ortsgebiet von Schwarzau.
Gehzeiten: Anstieg Schwarzau – Handlesberg 2¼ – 2½ Std., Abstieg 1½ Std.; Gesamtgehzeit 3¾ – 4 Std.
Anforderungen: Unschwierige, aber anstrengende Tour. Teils verfallene, aber gut bez. Wege. Unterwegs kein Wasser.
Höhenunterschied: 750 m im An- und Abstieg.
Höchster Punkt: Handlesberg, 1370 m.
Einkehrmöglichkeit: Gasthäuser in Schwarzau. Unterwegs keine Einkehr.
Sehenswertes: Die noch intakte Natur im Bereich des Handlesberges. Aufschlußreiche Gipfelrundsicht.
Hinweis: Vom Hof Grubenfranzl kann der Falkenstein (1013 m; atemberaubender Tiefblick in das Schwarzatal) auf Forststraße und Steig problemlos erreicht werden. Zusätzlicher Zeitaufwand 1 Std.

Auch an Schönwetter-Sonntagen werden die Berge entlang der oberen Schwarza, ihrer versteckten Lage wegen, selten und wenn, dann meist nur von Einheimischen bestiegen. Dabei bieten diese grünen Trabanten im Norden der Kalkhochalpen, vor allem der weit ins Land schauende Handlesberg, noch viel intakte Natur, von den Ausblicken zu dem in unmittelbarer Nähe übermächtig aufragenden Schneeberg ganz zu schweigen.
Von **Schwarzau** die Bundesstraße Nr. 27 nordwärts in den Ortsteil **Bichl**. Dort an einer Tafel rechts ab und auf Fahrweg zu einem Holzablageplatz.

Der markante Falkenstein über Schwarzau im Gebirge.

Rechtshaltend auf bez. Steig (»**Kirchensteig**«) über eine Wiese steil nach Nordosten empor, dann an den bewaldeten Hängen unterm Falkenstein entlang aufwärts zu kleiner Holzkapelle direkt am Wandfuß. Den breiten, durch ein Geländer abgesicherten Weg unter den Felsen weiter aufwärts, später eben zur Verzweigung mehrerer Naturstraßen (links zum **Falkenstein**). Hier die Straße geradeaus durch Obstgärten hinauf zum Hof **Grubenfranzl**, 860 m. Auf einem Waldweg in Windungen nach Nordosten empor zu den Wiesen beim verfallenen Hof »**Greger am Berg**« und im Wald weiter zu einer Forststraße. Auf ihr rechtshaltend in einen seichten Graben und durch ihn auf bez. Steig in Ostrichtung hoch zur Straße. Diese ein Stück geradeaus, dann links ab und auf gutem Steig in steilen Serpentinen nach Norden empor zur Kammhöhe der **Freudentaler Mauer** (Tiefblick in die Pax). Den bewaldeten Kamm vorerst eben nach rechts (O), dann steil hinauf zum höchsten Punkt des **Handlesberges** (1370 m, kleines Holzkreuz), der nach Norden in steilen Felswänden abbricht. Wenig unterhalb des Gipfels zweigt ein bez. Steig ab, der ostwärts bald zu aussichtsreichen Wiesen mit Prachtblick auf Schneeberg, Rax- und Schneealpe führt.
Abstieg auf dem gleichen Weg.

39 Jochart, 1266 m

Ein erstklassiger Alpenschauplatz am Oberlauf der Schwarza

Rohr – Schacherbauer – Jochart – Hammerleck – Ödgraben – Rohr

Talort: Rohr im Gebirge, 683 m. In einem weiten Talbecken am Oberlauf der Schwarza gelegene, ruhige Sommerfrische.
Ausgangspunkt: Ortszentrum von Rohr im Gebirge, 683 m.
Parkmöglichkeit: Im Ortsbereich von Rohr im Gebirge.
Gehzeiten: Anstieg Rohr – Schacherbauer – Jochart 1½ – 1¾ Std., Abstieg Jochart – Hammerleck – Rohr 1¼ Std.; Gesamtgehzeit 2¾ – 3 Std.
Anforderungen: Unschwierige Wanderung auf gut bez. Wegen.
Höhenunterschiede: 580 m im An- und Abstieg.
Höchster Punkt: Jochart, 1266 m.
Einkehrmöglichkeiten: In Rohr mehrere Gasthöfe, sonst keine Einkehr.
Sehenswertes: Die Rundsicht vom Gipfel des Jochart mit Blick auf Gutensteiner Alpen, Schneeberg, Rax, Schneealpe, Gippel, Göller, Mariazeller- und Türnitzer Berge.

Im Norden von Rax und Schneeberg, an der oberen Schwarza gelegen, gehört der Jochart zu jenen Aussichtsbergen, die zwar hinlänglich bekannt, jedoch wegen ihrer Entfernung von Wien niemals überlaufene Tourenziele geworden sind. Wer aber nun die lange Anreise nicht scheut, für den vollzieht sich das große Wunder im Laufe des nirgends beschwerlichen Anstiegs, wenn nach einem dichten Waldgürtel die hehre Szene der Kalkhochalpen in Erscheinung tritt. Eine festtägliche Bergwanderung fürwahr, am schönsten wohl im Frühling oder bei herbstlicher Farbenpracht.
Von **Rohr**, die **Klausgraben-Straße** querend, in Westrichtung hinauf zum **Garhof**. Auf Naturstraße nordwestwärts weiter zum **Schacherbauer**, 700 m, dann durch einen Wiesengraben, zuletzt durch Wald in einer Schleife (bezeichnete Abkürzer benutzen) empor zum Sattel beim **Schacherkreuz**, 780 m. Rechts den blau bez. Karrenweg durch Wald westwärts hin-

Im Südanstieg zum Jochart. Im Hintergrund der Schneeberg.

auf zu einer Verflachung. Den nun verfallenen Karrenweg noch ein Stück eben weiter, dann halblinks auf bez. Steig, an einem Zaun entlang, eben zum Südrücken des Jochart. Über ihn steil empor zur großen baumfreien Südschulter mit Holzhütte. Eine Wiese in Nordrichtung hoch, später über einen Zaun und nach rechts hinauf in den Wald. Dort auf gutem Steig weiter, zuletzt über Wiesen zum Gipfel des **Jochart**, 1266 m.
Abstieg: Auf rot bez. Steig den steilen bewaldeten Nordostkamm des Berges hinunter und über eine Kuppe hinweg zum Sattel des **Hammerleck**, 987 m. Die querende Forststraße nur wenige Meter nach rechts, dann links auf bez. Steig durch Wald steil nach Süden hinab in den **Ödgraben**. Durch ihn bei abnehmender Steilheit bald auf einer Forststraße talaus zu einer Jagdhütte. Die Straße weiter in den **Klausgraben** und dort auf der Asphaltstraße nach rechts zurück nach **Rohr**.

40 Unterberg, 1342 m

Großer Voralpengipfel einmal anders

Hof Gries – Blochboden – Unterberg – Unterberg-Schutzhaus – Blauboden – Hof Gries

Talort: Rohr im Gebirge, 683 m. Sommerfrische im oberen Schwarzatal.
Ausgangspunkt: Hof Gries, ca. 770 m, im inneren Reinbachgraben, am Westfuß des Unterberges gelegen. 6 km von Rohr im Gebirge.
Parkmöglichkeit: Vor dem Hof Gries.
Gehzeiten: Anstieg Hof Gries – Unterberg 1¾ – 2 Std., Abstieg Unterberg – Hof Gries 1¼ Std.; Gesamtgehzeit 3 – 3¼ Std.
Anforderungen: Leichte, kaum anstrengende Wanderung auf meist unbezeichneten Wegen und Forststraßen.
Höhenunterschied: 570 m im An- und Abstieg.
Höchster Punkt: Unterberg, 1342 m.
Einkehrmöglichkeit: Unterberg-Schutzhaus (15 B., 30 L.; vom 15. bis 30. November geschlossen, sonst immer offen).
Sehenswertes: Die umfassende Rundsicht vom Gipfel des Unterberges. Das schön gelegene Unterberghaus (Schneebergblick) mit der Holzkapelle Maria Einsiedl.
Hinweis: Vom Unterberg-Schutzhaus kann kürzer, aber weniger schön durch den gesamten Miragraben nach Gries im inneren Reinbachgraben abgestiegen werden.

Position und Höhe stempeln den Unterberg zu einer hervorragenden Landmarke im Bereich der ostösterreichischen Kalkvoralpen. Die Besteigung dieser auch als Skiberg bedeutsamen Höhe ist daher ein Anliegen aller Bergfreunde rings um Wien. Der hier vorgestellte Anstieg vom Hof Gries folgt dem Westrücken des Unterberges und gilt als kaum bekanntes Tourenschmankerl um Rohr im Gebirge.
An der Straßenteilung östlich vom **Hof Gries** auf unbez. Forststraße den bewaldeten **Gscheidgraben** in Nordostrichtung aufwärts zur Rechtsabzwei-

Die Kapelle Maria Einsiedl beim Unterberg-Schutzhaus.

gung eines Karrenweges, 20 Min. Diesen kurz nach Osten hoch, dann südwärts, an steilen Waldhängen entlang, empor an den Südwestrücken des Unterberges. Über ihn zu einer schönen Wiese, dann hinauf zu einer querenden Forststraße und diese nach rechts auf ein weites Wiesenplateau mit dem **Unterberg-Jagdhaus**. Auf breitem Fahrweg über die Wiesen eben nach Nordosten in einen Graben. Dort links ab und auf gutem Pfad im Graben weiter empor zum **Blochboden**, 1201 m, wo ein Fahrweg (Nr. 4, 404 und 622) quert. Auf unbez. Steig entlang eines Zaunes geradeaus hinauf zum grasigen Westrücken und über ihn zum höchsten Punkt des **Unterberges** (1342 m, Gipfelkreuz).

Abstieg: Am linken Rand einer steilen Wiese auf Steig nach Süden hinab zu der großen Schulter mit dem **Unterberg-Schutzhaus**, 1170 m. Den Fahrweg 100 m eben nach rechts (SW) zur Kapelle Maria Einsiedl. Dort geradeaus und auf einem unbez. Fahrweg im Wald hinab zum **Blauboden**, 1056 m. Über die Wiesen nach Südwesten abwärts, dann durch Wald zu einer Wegteilung. Rechts auf Forststraße durch einen steilen Waldgraben nach Norden hinunter in den **Miragraben**. Dort quert eine weitere Forststraße (Weg Nr. 206); auf ihr in Westrichtung talaus zum **Hof Gries**.

41 Kreuzberg – Überschreitung

»Die Eroberung der Landschaft«

Bahnhof Breitenstein – Speckbacherhütte – Kreuzberg – Klamm – Bahnhof Eichberg

Talort: Reichenau, 484 m, Erholungsort im Schwarzatal. Schottwien, 569 m, Markt im Göstritzgraben. Semmering, 985 m, Kurort am gleichnamigen Paß.
Ausgangspunkt: Breitenstein, 778 m, in den Adlitzgräben, Haltestelle der Semmeringbahn. 4 km von Schottwien, 5 km ab Semmering, 13 km ab Reichenau.
Parkmöglichkeit: Im Bereich der Bahnstation Breitenstein.
Gehzeiten: Breitenstein – Speckbacherhütte ¾ – 1 Std., Speckbacherhütte – Klamm 1¾ – 2 Std., Klamm – Bahnhof Eichberg 1½ Std.; Gesamtgehzeit 4 – 4½ Std.
Anforderungen: Einfache Wanderung auf breiten, bequemen Wegen.
Höhenunterschiede: 410 m im Anstieg, 570 m im Abstieg.
Höchster Punkt: Speckbacherhütte, 1093 m.
Einkehrmöglichkeiten: Speckbacherhütte (21 B., im Nov. geschlossen, sonst durchgehend offen, Dienstag Ruhetag), Ghf. »Zum Kreuzberg« (12 B., ganzj. offen; kein Ruhetag).
Sehenswertes: Die Ausblicke auf Raxalpe und Schneeberg sowie in die Adlitzgräben und zur Burg Klamm. Das berühmte Loos-Haus (Alpenhof Kreuzberg).
Hinweis: Es ist auch möglich, bereits von Dorf Klamm die Rückreise mit der Bahn nach Breitenstein anzutreten. Zeitersparnis 1 – 1¼ Std.

»Die Eroberung der Landschaft« war das Motto der Landesausstellung 1992 in der ehemaligen Benediktinerprobstei Gloggnitz. Nirgendwo wird einem dies bewußter als auf einer Wanderung über die sanften Höhen des Kreuzberges. Ringsum erkennt man die Versuche des Menschen, sich die Landschaft mit Hilfe der modernen Technik untertan zu machen: die Zahnradbahn auf den Schneeberg, die erste Gondelbahn Österreichs auf die Raxalpe, die noblen Hotels und Villen des Semmering, Ritter von Ghega's großartige Gebirgs-Eisenbahn und nicht zuletzt die moderne Semmering-Schnellstraße in das Mürztal.

Herbstlich verfärbte Lärchen am Kreuzberg. Blick nach Norden zum Schneeberg-Massiv.

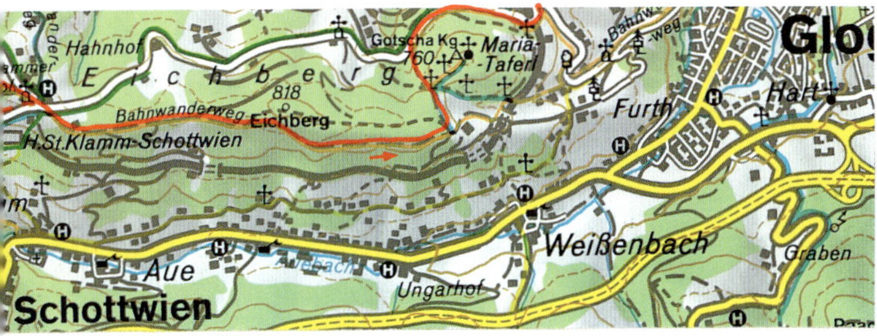

Vom Bhf. **Breitenstein** über die Bahn, dann die Straße links in Richtung Orthof zur Rechtsabzweigung eines blau bez. Weges. Diesen über Wiesen und durch Wald nordwärts den **Kreuzbergrücken** hinauf zum rot bez. Kammweg und auf ihm nach links (W) zur **Speckbacherhütte**, 1093 m. Schöner Raxblick. Zurück zur Einmündung des Weges von Breitenstein. Nun geradeaus durch Wald in leichtem Auf und Ab zum **Kreuzberggipfel**, 1084 m. An der Streusiedlung **»Sommerhöhe«** vorbei und durch die Wälder des **»Totenberges«** zur Siedlung **»Kreuzberg«** (**Ghf. »Zum Kreuzberg«**). Weiter zu einer Wegteilung (Coronakreuz) und links, an der N-Seite des **Kobermannsberges** (Abzweigung zum **Loos-Haus**) hinab zu den Häusern von

Blick vom Ort Klamm nach Westen gegen die Adlitzgräben.

Die Preinerwand (Raxalpe) vom Kreuzberg.

Klamm und zur Straße Payerbach – Klamm (rechts in 10 Min. zum Bhf. Klamm-Schottwien). Auf dem rot bez. Karrenweg entlang der Südhänge des **Eichberges**, hoch über der Trasse der Semmeringbahn, in Ostrichtung weiter. Vor einem Gehöft links den blau bez. Weg zu einem Wiesensattel (Abstecher zur Waldkapelle **Maria Taferl** auf dem **Gotschnakogel**, 760 m, den man über einen Kreuzweg erreicht). Vom Wiesensattel den Karrenweg nach Norden hinunter zur Straße Klamm – Gloggnitz, auf der man rechts zum **Bhf. Eichberg** gelangt. **Rückfahrt** mit der Bahn (Züge zwischen 6.03 und 20.10 Uhr etwa stündlich) nach **Breitenstein**.

42 Falkensteinhöhle, Gaiskirchl und Luckete Wand, 1128 m

Ein Tourenschmankerl in den Adlitzgräben

Orthof – Falkensteinhöhle – Gaiskirchl – Luckete Wand – Orthof

Talorte: Reichenau, 484 m, Erholungsort im Schwarzatal. Schottwien, 569 m, Markt im Göstritzgraben, am Nordfuß des Sonnwendstein. Semmering, 985 m, berühmter Kurort am gleichnamigen Paß.
Ausgangspunkt: Orthof, 928 m. Weiler am Wiesensattel zwischen Kreuzberg und Falkenstein. 9 km von Semmering, 10 km von Reichenau, 10 km von Schottwien.
Parkmöglichkeit: Im Ortsgebiet von Orthof.
Gehzeiten: Anstieg Orthof – Gaiskirchl – Luckete Wand 1½ Std., Abstieg Luckete Wand – Orthof ½ Std.; Gesamtgehzeit 2 Std.
Anforderungen: Leichte, kurze Wanderung auf bez. Wegen.
Höhenunterschiede: 250 m im An- und Abstieg.
Höchster Punkt: Luckete Wand, 1128 m.
Einkehrmöglichkeit: Keine.
Sehenswertes: Die Falkensteinhöhle (Taschenlampe!) am Fuß der Falkenstein-Südwände. Das in einer Höhle am Oberrand der Falkensteinwände eingerichtete Gaiskirchl (Waldandacht). Die Luckete Wand mit Aussichtsterrasse, Felsenfenster und einer Durchgangshöhle von der Süd- in die Nordseite des Berges.

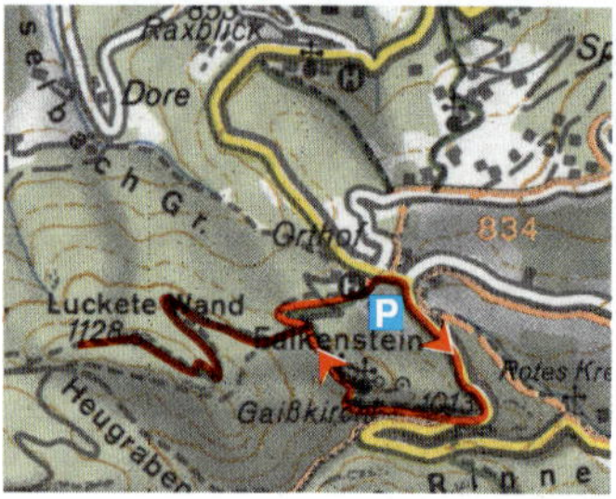

Wohin fahren Wiener Extrembergsteiger, wenn sie trainieren wollen? Neuerdings in die Adlitzgräben und dort zu den Falkensteinwänden, die mit kurzen Zugängen und festem Fels aufwarten. Auch für Wanderer findet sich dort Entdeckenswertes. Etwa die über Holzstiegen erreichbare Falkensteinhöhle oder das idyllische Gaiskirchl. Will man noch mehr, dann besteige man die Luckete Wand mit prachtvollen Ausblicken auf Rax, Schneeberg und in die cañonartigen Adlitzgräben.

Von **Orthof** die Straße zu den Adlitzgräben nach Süden, später um eine Ecke (Parkplatz) herum und gegen den Graben der »Kalten Rinne« abwärts unter eine überhängende Wand; 10 Min. Rechts den Weg Nr. 834 unter den **Falkenstein-Südwänden** im Wald nach Westen aufwärts zu einer Teilung. Rechts am Wandfuß 60 m zurück, dann über eine Holzstiege hinauf zur **Falkensteinhöhle**. Zurück zum Hauptweg und diesen weiter aufwärts, oberhalb der Wände rechts, ostwärts, empor zu Linkskehre (gerade weiter zum **Gaiskirchl** in großer Durchgangshöhle; ½ Std.). Im Wald nach Norden hinauf zu Karrenweg. Auf ihm links abwärts zu Forststraße und diese 100 m nach rechts in den Sattel (ca. 980 m) zwischen Falkenstein und Luckete

In der Durchgangshöhle des Gaiskirchl. Blick zum Sonnwendstein.

Wand. Auf grün bez. Güterweg nach links (W) in die Nordostflanke der Lucketen Wand und dort zu Verzweigung, ¾ Std. Links auf grün bez. Steig in Kehren empor zum Gipfelkamm. Über ihn rechts aufwärts zum höchsten Punkt, 1128 m. Jenseits am Westrücken abwärts zu felsiger Aussichtskanzel (ca. 1120 m). 30 m vorher auf bez. Steig kurz nach links hinab in die Südseite und dort unter mächtigen Überhang (**Luckete Wand**) mit Felsenfenster und Durchgangshöhle. Abstieg: Zurück zum Waldsattel, dort links den Fußweg Nr. 834 nach Norden abwärts, zuletzt auf Straße nach **Orthof**.

43 Eselstein, 1004 m

Kleiner Berg ganz groß

Bärensattel – Eselstein

Talorte: Semmering, 985 m. Renommierter heilklimatischer Kurort am gleichnamigen Paß. Schottwien, 569 m, Markt im Göstritzgraben, nördlich unter dem Sonnwendstein.
Ausgangspunkt: Bärensattel, ca. 880 m, zwischen Sonnwend- und Eselstein. 3 km von Semmering, 6.5 km von Schottwien.
Parkmöglichkeit: Am Bärensattel.
Gehzeiten: Bärensattel – Eselstein ¾ – 1 Std., Rückweg ¾ Std.; Gesamtgehzeit 1½ – 1¾ Std.
Anforderungen: Im Gipfelbereich kurze gesicherte Steiganlage, sonst gut bez. Weg. Trittsicherheit und Schwindelfreiheit nötig.
Höhenunterschied: 200 m.
Höchster Punkt: Eselstein, 1004 m.
Einkehrmöglichkeit: Keine.
Sehenswertes: Die Rundsicht vom Eselstein, eine der aufschlußreichsten im gesamten Semmeringgebiet. Beeindruckender Tiefblick in die Adlitzgräben und zur kühnen Trasse der Semmeringbahn, darüber die vertrauten Silhouetten von Rax und Schneeberg.
Hinweis: Man kann den Bärensattel (und damit den Eselstein) auch zu Fuß von Semmering her erreichen. Zusätzlicher Zeitaufwand 1 Stunde.

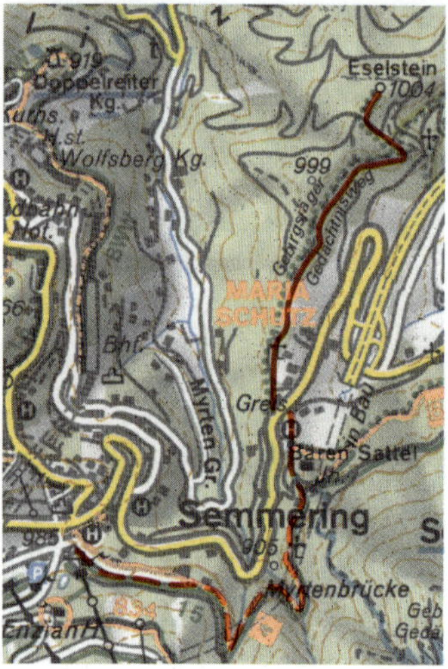

Nichts wäre verfehlter, als Bergminiaturen kurzweg als zweitrangig abzutun. Das findet man am Eselstein, einer Kalkklippe am Rande der Adlitzgräben, vollauf bestätigt. Denn gerade dieser Berg ist es, der aufgrund seiner Position und nur mäßigen Höhe die imponierendsten Ausblicke zur Semmering-Landschaft zuläßt. Daß der Felsobelisk vom Bärensattel rasch und problemlos in einer knappen Gehstunde erreicht werden kann und im Gipfelbereich mit einer originellen, gesicherten Felspassage aufwartet, sind eindeutige Vorzüge.

Vom **Bärensattel** auf grün bez. breitem Weg in der linken, westlichen Seite eines Waldrückens eben nach Norden, später sanft aufwärts zu einem Sattel. An der Ostseite des Kammes zum nächsten Sattel und in Nordostrichtung eben weiter zur **Georgswarte**. Jetzt etwas abwärts, dann um eine Bergkante nach links herum und westwärts zu einer Forststraße. Auf ihr geradeaus und aufwärts zum Sattel vor dem Gipfelaufbau des Eselsteins. Rechts von der Straße ab und auf bez. Steig in einigen steilen Serpentinen nach Norden hoch zum schmalen Gipfelgrat. Nun kurze, exponierte, jedoch mit Stangen gesicherte Querung in der linken Gratflanke, dann hinauf zum höchsten Punkt des **Eselsteins**, 1004 m.

Die Georgswarte am Weg zum Eselstein.

44 Pinkenkogel, 1292 m – Kampalpe, 1534 m

Großzügige Kammwanderung von Semmering nach Spital

Semmering – Pinkenkogel – Ochnerhöhe – Kampalpe – Spital

Talorte: Semmering, 985 m. Kurort an der gleichnamigen Paßhöhe. Spital am Semmering, 778 m, Ort im Fröschnitztal südwestlich des Semmering.

Ausgangspunkt: Bahnhof Semmering, 895 m, nördlich unterhalb des Ortszentrums von Semmering.

Parkmöglichkeit: Im Bereich der Bahnstation Semmering.

Gehzeiten: Bhf.Semmering – Pinkenkogel 1½ Std., Pinkenkogel – Kampalpe 2 Std., Kampalpe - Spital 1 – 1½ Std.; Gesamtgehzeit 4½ – 5 Std.

Höhenunterschiede: 750 m im Anstieg, 840 m im Abstieg.

Anforderungen: Leichte Wanderung auf guten Wegen, jedoch Ausdauer nötig.

Höchster Punkt: Kampalpe, 1534 m.

Einkehrmöglichkeit: Schutzhaus Pinkenkogel (5 B.; im November geschlossen, sonst immer geöffnet; Dienstag ist Ruhetag).

Sehenswertes: Der Kurort Semmering mit seinen Hotels aus der Jahrhundertwende. Von der Kampalpe Prachtblick auf Rax und Stuhleck.

Hinweis: Zum Pinkenkogel kann man kürzer auch von der Bergkirche beim Hotel Panhans oder direkt von der Semmering-Paßhöhe gelangen.

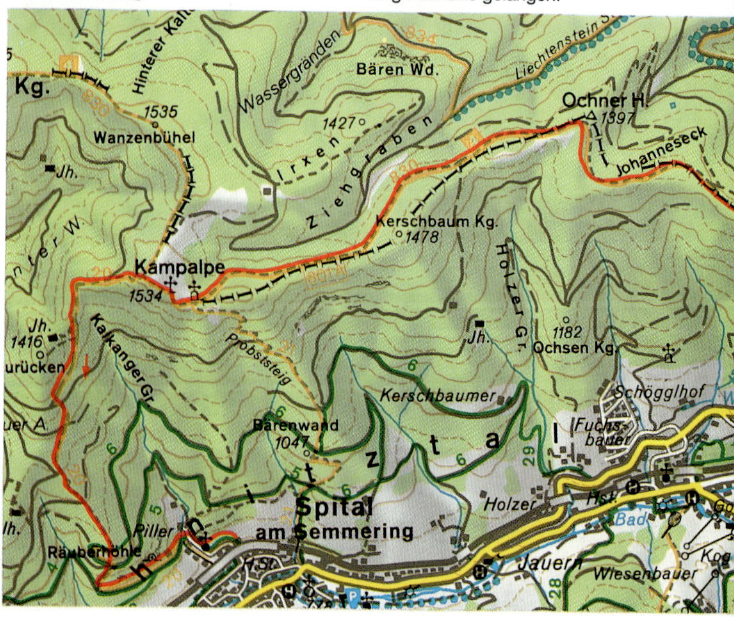

Auf der Gipfelwiese der Kampalpe. Im Hintergrund die Heukuppe (Rax).

Zwischen Kalkhochalpen im Norden und den weitgeschwungenen Wiesenkuppen der Fischbacher Alpen im Süden schiebt sich als gemäßigte Übergangszone das Mittelgebirge der Kampalpe. Seine größtenteils bewaldeten Erhebungen können auf schönen Kammwegen teilweise entlang der Bundesländergrenze Niederösterreich/Steiermark überschritten werden. Ausgangspunkt für unseren Höhenbummel über Pinkenkogel und Kampalpe ist der altrenommierte Luftkurort Semmering mit seinen aus der Zeit der Monarchie stammenden Hotelbauten und Villen.

Vom **Bhf. Semmering** die Südbahnstraße nach Norden zum **Südbahnhotel** (geschlossen). Links die Straße hinauf zum **Hotel Waldhof**, wo nach Süden der Terrainkurweg auf den Pinkenkogel abzweigt. In weiten, bequemen Kehren durch

Wald empor zum Bergrücken, zuletzt etwas steiler auf den zuckerhutförmigen Gipfel des **Pinkenkogels,** 1292 m. Auf einem Karrenweg (Nr. 801 A) nach Westen hinab in einen Sattel und jenseits über einen gut angelegten Steig am Kamm teils im Wald, teils über Lichtungen sanft aufwärts zur **Ochnerhöhe,** 1397 m. Weiter durch Wald, an den Nordhängen des **Kerschbaumkogels** entlang, und nach Westen aufwärts zur großen Wiese am Gipfel der **Kampalpe** (1534 m, Gipfelkreuz). Herrliche Rundsicht.

Am Waldkamm zwischen Pinkenkogel und Kampalpe.

Das Gipfelkreuz auf der Kampalpe.

Abstieg: Vom Gipfel den rot bez. Steig über steile Wiesen nach Westen hinab zum Sattel vor dem **Saurücken**. Nun südwärts teils auf einem Steig, teils auf einem Karrenweg durch schönen Wald in Windungen abwärts; zuletzt auf der Asphaltstraße nach **Spital am Semmering**, 778 m, und zur Bahnstation. Rückfahrt (Züge zwischen 4.51 und 21.26 Uhr etwa stündlich) nach **Semmering**.

45 Vom Hirschenkogel zum Sonnwendstein

Beliebte Höhenwanderung über dem Semmering

Hirschenkogel - Dürriegel - Erzkogel - Sonnwendstein - Semmering

Talort: Semmering, 985 m, Kurort.
Ausgangspunkt: Bergstation der Hirschenkogel-Achterkabinenbahn, 1340 m, am Gipfel des Hirschenkogels. Talstation 100 m südlich der Semmering-Paßhöhe; in Betrieb von Anfang Mai bis Ende Okt. von 9.30 bis 16. 30 Uhr (Mai, Juni und Okt. nur Wochenendbetrieb, Juli, Aug. und Sept. Montag und Dienstag Ruhetag).
Parkmöglichkeit: Großparkplatz an der Talstation des Hirschenkogellifts.
Gehzeiten: Anstieg Hirschenkogel – Sonnwendstein 1¼ – 1½ Std., Abstieg Sonnwendstein – Semmering 1½ Std.; Gesamtgehzeit 2¾ – 3 Std.
Anforderungen: Einfache Wanderung.
Höhenunterschiede: 350 m im Anstieg, 690 m im Abstieg.
Höchster Punkt: Sonnwendstein, 1523 m.
Einkehrmöglichkeiten: Liechtensteinhaus (keine Nächtigung, ganzj. geöffnet), Pollereshaus (keine Nächtigung, bei Betrieb des Sonnwendsteinlifts geöffnet).
Sehenswertes: Tiefblick auf Semmering, Rundsicht vom Sonnwendstein.
Hinweise: Vom Sonnwendstein auch Talfahrt mit dem Sessellift (siehe Tour 46) nach Maria Schutz; von dort per Bus oder auf Weg Nr. 801 A zu Fuß nach Semmering. Die Tour kann mit Auffahrt (Sessellift) von Maria Schutz auch in umgekehrter Richtung gut durchgeführt werden.

Kurort Semmering mit dem Schneeberg im Norden.

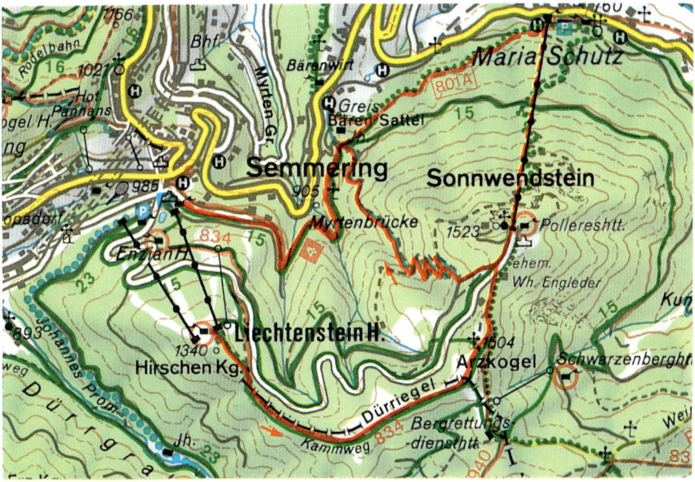

Der Hirschenkogel im Süden des Semmering, im Winter ein beliebter Skiberg, hält auch für Wanderer Trümpfe parat; dies erfährt man spätestens an der Bergstation des Hirschenkogellifts. Da spannt sich ein idealer »Wandergrat« nach Osten hinüber zum Sonnwendstein, dessen Überschreitung auch eingefleischten Gehern Genuß bereitet. Von den Höhen unterwegs bieten sich prachtvolle Ausblicke auf den Kurort Semmering mit dem Silbererschlößl und dem Hotel Panhans, wo Größen wie Franz Werfel, Gerhard Hauptmann, Johannes Brahms, Gustav Mahler oder Josephine Baker residierten. Von der Bergstation des **Hirschenkogel-Seilbahn** (mit der Dr. Erwin Pröll-Warte) auf grün bez. Forststraße nach Südosten hinab zu einem Sattel. Rechts ab und auf Steig, an der Südseite des **Dürriegels** durch Wald in Ostrichtung sanft aufwärts. Den Erzkogel östlich umgehend erreicht man nordwärts über baumfreie Hänge die Rechtseinmündung des rot bez. Weges von Maria Schutz und danach den Nordrücken des **Erzkogels** (1504 m, Kreuz), der von hier auf Steigspuren leicht erreicht werden kann. Auf Weg nordwärts zur Einmündung einer Fahrstraße bei den Hütten des ehemaligen Ghf. Engleder. Geradeaus die Straße steil empor zum Gipfel des **Sonnwendstein**, 1523 m, mit Pollereshaus, Gebirgsjäger-Gedächtniskapelle und Sendemast. **Abstieg**: Zurück zum ehemaligen Ghf. Engleder. Vor den Hütten rechts den blau bez. »**Almsteig**« durch Wiesen und lichten Wald in Serpentinen abwärts zum kreuzenden Weg Nr. 801 A. Diesen linkshaltend vorerst nach Süden, dann westwärts durch Wald, mehrere Gräben ausgehend, zum Palace Hotel und auf der Straße nach **Semmering**.

46 Sonnwendstein, 1523 m

Aussichtsbalkon mit Anstiegshilfe

Sonnwendsteinlift-Bergstation – Erzkogel – Göstritzsattel – Maria Schutz

Talort: Kurort Semmering, 985 m. Schottwien, 569 m, Markt im Göstritzgraben. Maria Schutz, 760 m, Wallfahrtsort am Nordfuß des Sonnwendstein.
Ausgangspunkt: Bergstation des Sonnwendstein-Sesselliftes, 1481 m. Talstation in Maria Schutz, 200 m westl. der Wallfahrtskirche. 6 km von Semmering, 4 km von Schottwien. April und Nov. nur an Sa. und So., sonst tägl. von 9.00 bis 12.15 Uhr und von 13.15 bis 16.00 Uhr. An Sonn- und Feiertagen keine Mittagspause.
Parkmöglichkeit: Parkplatz an der Talstation des Sonnwendsteinlifts.
Gehzeiten: Sonnwendstein – Göstritzsattel 1 – 1½ Std., Göstritzsattel – Maria Schutz 1 Std.; Gesamtgehzeit 2 – 2½ Std.
Anforderungen: Einfache, aber lange Wanderung bergab. Gut bez. Wege.
Höhenunterschied: 770 m im Abstieg.
Höchster Punkt: Sonnwendstein, 1523 m. 5 Min. von der Sessellift-Bergstation. Gebirgsjäger-Gedächtniskapelle mit Aussichtsterrasse. Richtfunkstation für Rundfunk und Fernsehen.
Einkehrmöglichkeiten: Pollereshaus (keine Nächtigung, bei Sesselliftbetrieb geöffnet), Ghf. Kummerbauerstadl (11 B., im Dezember geschlossen, sonst immer geöffnet; Montag Ruhetag).
Sehenswertes: Von der Terrasse der Gebirgsjäger-Gedächtniskapelle prächtiger Tiefblick auf die Paßlandschaft des Semmering. Darüber die mächtigen Gebirgsstöcke der Raxalpe, des Schneeberges und des Stuhlecks.

Seine pyramidenförmige Gestalt und ein riesiger Sendemast verraten den Sonnwendstein: Wahrzeichen des Semmeringgebietes und Hausberg von Maria Schutz. Nach uralter Sage soll das Haupt des Berges aus Erz (Abbau noch bis in die Mitte des 19. Jh.), die Brust aus Silber und der Fuß aus Gold (Goldwäscherei bis 1802 im Göstritztal) bestehen. Wer heute von Maria Schutz mit dem Sessellift bequem zur Höhe schwebt, wird oben von einem der umfassendsten Bergpanoramen Ostösterreichs überrascht. Doch nicht nur die Augen, auch die Füße kommen zu ihrem Recht, was man am langen Abstieg über den Göstritzsattel nach Maria Schutz gewiß verspüren wird.
Von der **Bergstation des Sonnwendsteinlifts** den grün bez. Fahrweg nach Süden hinab zu den Häusern des ehemaligen Ghf. Engleder. Links auf rot

Blick vom Göstritzsattel zur Raxalpe im Nordwesten.

bez. Fahrweg weiter in die Ostflanke des **Erzkogels** (1504 m; auf Steigspuren in wenigen Minuten zu erreichen) und dort zu einer Teilung. Halblinks auf Karrenweg (rot bez.) nach Süden hinab zu einem Sattel (Bergstation eines Schleppliftes) und über Wiesen weiter zum **Dürrsattel**. Der Weg (jetzt gelb bez.) quert nun die bewaldeten Nordhänge des **Alpkogels** bis beim Blochbergermarterl der **Weinweg** erreicht wird. Hier links, durch schönen Hochwald am Höhenrücken nach Nordosten abwärts zum **Göstritzsattel,** 1079 m, mit dem **Ghf. Kummerbauerstadl**. Auf blau bez. Karrenweg westwärts in Kehren gegen den **Göstritzgraben** hinab, später nordwärts im Graben selbst talaus zur Linksabzweigung des grün bez. **Parapluiweges**. Auf ihm, an Aussichtspunkten, Gedenkstätten und Ruhebänken vorbei, in Nordwestrichtung nach **Maria Schutz**.

47 Schneealpe: Windberg, 1903 m

Für Liebhaber ausgedehnter Almwanderungen

Parkplatz Kohlebnerstand – Schneealpenhaus – Windberg – Rinnhoferhütte – Parkplatz

Talorte: Neuberg an der Mürz, 732 m, und Kapellen, 703 m, im oberen Mürztal.
Ausgangspunkt, Parkmöglichkeit: Parkplatz Kohlebnerstand, 1462 m, am Ende der Schneealpen-Mautstraße. 8 km von Neuberg, 7 km von Kapellen.
Gehzeiten: Parkplatz – Schneealpenhaus 1 – 1½ Std., Schneealpenhaus – Windberg ½ Std., Windberg – Rinnhoferhütte ½ Std., Rinnhoferhütte – Parkplatz 1 Std.; Gesamtgehzeit 3 – 3½ Std.
Anforderungen: Hochalpine, aber einfache, wenig anstrengende Wanderung.
Höhenunterschied: 550 m.
Höchster Punkt: Windberg, 1903 m.
Einkehrmöglichkeiten: Schneealpenhaus (18 B., 40 L.; vom 1. April bis 15. Nov. und an Wochenenden im März geöffnet) Rinnhoferhütte (18 L., geöffnet vom 1. Juni bis 30. Sept.), Michlbauerhütte (7 B., 20 L., geöffnet vom 1. Juni bis 30. Sept.), Kutatschhütte (2 L., Notunterstand).
Sehenswertes: Die ausgedehnten Wiesenböden um das Schneealpenhaus. Die umfassende Rundsicht vom Windberg.

Unter den Kalkbergen bei Wien ist die Schneealpe jene mit der größten Plateaufläche. Diese besteht aus der eigentlichen Schneealm, dem Naßköhr und der Hinteralm. Ihre sanften Wiesenmulden stellen sowohl im Sommer als auch im Winter ein ideales Wander- und Tourengebiet dar. Die steil abfallenden Flanken und Gräben der Schneealpe fußen in Tälern, die nicht nur zu den einsamsten und wildesten Landschaften Ostösterreichs gehören, sondern auch zu jenen, wo die Natur noch in Ordnung ist. Vom **Parkplatz Kohlebnerstand** (Schranke) auf dem Fahrweg in die Nordostflanke des **Kampl** und dort in Kehren zu einem Sendemast am Südrand des **Schneealpenplateaus** (1660 m) empor, ½ Std. Von diesem Aussichtsbalkon nach Norden weiter zur **Kutatschhütte**, 1650 m. Dort vom Fahrweg rechts ab und auf bez. Fußweg über latschendurchsetzte Wiesen nordwärts steil hinauf zur **Brandhöhe**, 1758 m, wo man wieder die Straße erreicht. Auf ihr weiter, dann rechts ab und auf bez. Weg in Nordostrichtung sanft ab-

wärts zu ausgedehnten Almböden. An einer Kapelle vorbei und über die ebene Wiesenfläche zu dem auf einer Felsklippe thronenden **Schneealpenhaus**, 1782 m. Nach Nordwesten wieder hinunter zur Wiesenfläche und dort an einer Almsiedlung (mit **Rinnhoferhütte** und **Michlbauerhütte**, 1733 m) rechts vorbei, dann über den steilen Ostrücken im Linksbogen hinauf zum Gipfel des **Windberges**, 1903 m.
Abstieg: Wieder zurück zur Almsiedlung, dann geradeaus über die Wiesenböden nach Süden und mit kurzen Gegenanstieg zur **Brandhöhe**. Weiter auf bekanntem Weg zum **Parkplatz**.

Beim Schneealpenhaus. Im Hintergrund das Raxmassiv.

48 Kernstockwarte und Ramssattel

Familienwanderung mit Schlußüberraschung

Kirchberg – Kernstockwarte – Karlshöhe – Ramssattel – Kirchberg

Talort: Kirchberg am Wechsel, 581 m. Urlaubsort im Feistritztal.
Ausgangspunkt: Ortszentrum von Kirchberg, 581 m.
Parkmöglichkeit: Im Ortsgebiet von Kirchberg.
Gehzeiten: Anstieg Kirchberg – Kernstockwarte – Ramssattel 1¾ Std., Abstieg Ramssattel – Kirchberg ¾ Std.; Gesamtgehzeit 2½ Std.
Anforderungen: Einfache Wanderung auf bez. Wegen und Straßen.
Höhenunterschiede: 400 m im An- und Abstieg.
Höchster Punkt: Karlshöhe, ca. 950 m.
Einkehrmöglichkeiten: Ghf. Ramswirt (50 B., vom 15. Januar bis 1. März geschlossen, sonst stets geöffnet; im November und Dezember am Montag und Dienstag Ruhetag), Restaurant »Zur Hermannshöhle« (keine Nächtigung, ganzj. offen; Montag Ruhetag).
Sehenswertes: Von der Kernstockwarte schöner Tiefblick auf Kirchberg. Die Ausblicke unterwegs auf Rax und Schneeberg.
Hinweis: Lohnende Besichtigung der Hermannshöhle, der größten Tropfsteinhöhle Niederösterreichs. Führungen vom 1. Mai bis 30. Sept. täglich, im April und Oktober an Wochenenden und Feiertagen um 9.30, 11.00, 13.30, 15.00, und 16.30 Uhr ab fünf Personen.

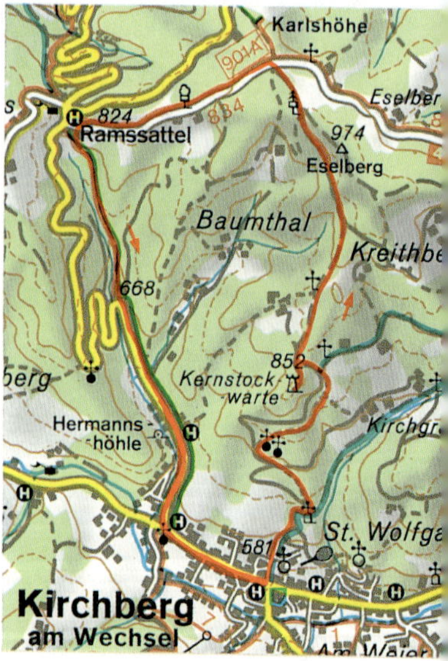

Zu den dankbarsten Ausflügen um Kirchberg am Wechsel gehört die hier vorgestellte Ramssattel-Runde. Problemlos und kurzweilig, weil gespickt mit etlichen kleinen Sensationen, paßt sie bestens in das Programm eines sonntäglichen Familienausflugs. Da ist zunächst der lustige Aussichtsparapluie der Kernstockwarte, dann die weitschauende Karlshöhe im Norden des Eselberges. Und am Rückweg nach Kirchberg wartet als Überraschung noch die berühmte Hermannshöhle mit ihren Gängen, Schlünden und zauberhaften Tropfsteinen.
Vom Ortszentrum in **Kirchberg** die Stiege nordwärts hinauf zur **Pfarrkirche**, dann durch die Klosteranlage (ehemaliges Chorfrauenstift) zu querender Naturstraße. Auf ihr in Kehren nach Norden hinauf zu Verzweigung.

Die Pfarrkirche von Kirchberg am Wechsel.

Den rot bez. Weg geradeaus empor zum **Kalvarienberg**. Durch Wald, die Naturstraße einmal kreuzend, weiter aufwärts und nach links (W) zu einem Sattel. Dort den blau bez. Weg steil nach links (S) empor auf einen bewaldeten Hügel mit der **Kernstockwarte** (852 m), 1 Std. ab Kirchberg.
Vom erwähnten Sattel den rot bez. Karrenweg nach Norden hinauf zu einer Wiese, später auf einem Fahrweg im Wald zu einer Asphaltstraße. Auf ihr geradeaus zu den Feldern und Wiesen der »Karlshöhe« am Nordwestrükken des **Eselberges**. Den Waldrücken hinab zu querender Asphaltstraße. Oberhalb von ihr auf Karrenweg (Nr. 834) nach links (W), dann die Straße über Wiesen abwärts zum **Ramssattel**, 824 m.
Abstieg: Der Straße nach Kirchberg nur 50 m folgen, dann links auf bez. Karrenweg einen Waldgraben nach Süden hinunter und wieder zur Straße. Auf ihr über Wiesen zum **Restaurant »Zur Hermannshöhle«** (Wegabzweigung zur Höhle) und weiter zur Feistritztalstraße, die nach links in das Ortszentrum von **Kirchberg** führt.

49 Kampstein, 1467 m

Genußvolle Höhenwanderung zwischen Hochwechsel und Buckliger Welt

Kampsteinlift-Bergstation – Kampsteiner Schwaig – Kampstein – Franz-Kaupe-Haus – St. Corona

Talort: St. Corona am Wechsel, 844 m. Auf einer Terrasse überm Feistritztal gelegene, beliebte Sommerfrische.
Ausgangspunkt: Bergstation des Kampstein Sesselliftes, 1216 m. Talstation, 844 m, am westlichen Ortsrand von St. Corona. Betrieb zwischen Anfang Mai und Anfang Oktober von 9.00 bis 15.30 Uhr. Im Juli und August sowie am Samstag, Sonntag und Feiertag von 8.30 bis 17.00 Uhr. Im Oktober nur am Samstag, Sonntag und Feiertag von 9.00 bis 16.00 Uhr geöffnet.
Parkmöglichkeit: An der Talstation des Kampstein-Sesselliftes.
Gehzeiten: Kampsteinlift-Bergstation – Kampsteiner Schwaig ½ Std., Kampsteiner Schwaig – Franz-Kaupe-Haus ½ – ¾ Std., Franz-Kaupe-Haus – St. Corona 1 Std.; Gesamtgehzeit 2 – 2¼ Std.
Anforderungen: Bequeme, wenig anstrengende Wanderung auf breiten Wegen.
Höhenunterschiede: 260 m im Anstieg, 630 m im Abstieg.
Höchster Punkt: Kampstein, 1467 m.
Einkehrmöglichkeiten: Almrauschhütte (keine Nächtigung, bei Sesselliftbetrieb geöffnet), Kampsteiner Schwaig (20 B., ganzjährig geöffnet), Franz-Kaupe-Haus (14 B., 22 L., im November geschlossen, sonst stets geöffnet; Mittwoch Ruhetag).
Sehenswertes: Von der Kampsteiner Schwaig und vom Anstieg zum Kampstein Blick auf die baumfreien Hänge des Hochwechsel.

Anstieg über den Westrücken des Kampstein.

Wer von St. Corona mit dem Sessellift Richtung Kampstein hinaufschwebt, der überschaut bald ein freundlich verwinkeltes Hügelland, das bezeichnenderweise den Namen »Bucklige Welt« trägt. Später, auf unserem Streifzug um und über den Kampstein werden auch die kahlen, baumfreien Hänge des Hochwechsel sichtbar, dessen langgestreckte Wanderkämme verheißungsvoll grüßen.

Von der **Kampsteinlift-Bergstation,** an der **Almrauschhütte** vorbei, westwärts zu einem Güterweg. Auf ihm quer durch die bewaldete Nordseite des Kampstein nach Südwesten aufwärts zu einem breiten Wiesensattel. Am westlichen Wiesenrand steht das stattliche Gebäude der **Kampsteiner Schwaig,** 1400 m. Nun einen breiten Bergrücken über Wiesen und durch sturmzerzausten Wald nach Osten zum Gipfel des **Kampstein** (1467 m, Holzkreuz) empor. Jenseits den bewaldeten Ostrücken auf steinigem Karrenweg steil bergab zum idyllisch im Wald gelegenen **Franz-Kaupe-Haus**, 1318 m. Auf rot bez. Weg durch Wald und über sanft geneigte Wiesen in Nordrichtung hinunter nach **Orthof,** 1006 m. Weiter auf schönem Fußweg in Kehren abwärts nach **St. Corona**.

50 Hochwechsel, 1743 m

Auf den östlichsten Hochgipfel der Urgesteinsalpen

Mariensee – Marienseer Schwaig – Hochwechsel – Hallerhaus – Mönichkirchner Schwaig – Mariensee

Talort: Aspang-Markt, 500 m, im inneren Pittental.
Ausgangspunkt: Mariensee, 815 m. Streusiedlung am Nordfuß des Hochwechsel. 10 km von Aspang-Markt.
Parkmöglichkeit: Parkplatz und Bushaltestelle im Ortsgebiet von Mariensee, bei der Pöstlingbach-Brücke, wo der Weg zum Hof Siegerl nach Südosten abzweigt.
Gehzeiten: Mariensee – Marienseer Schwaig 1½ – 2 Std., Marienseer Schwaig – Hochwechsel ½ – ¾ Std., Hochwechsel – Hallerhaus 2 Std., Hallerhaus – Mönichkirchner Schwaig – Mariensee 1½ – 1¾ Std.; Gesamtgehzeit 5½ – 6½ Std.
Anforderungen: Einfache, aber lange und besonders anstrengende Wanderung. Nur bei sicherem Wetter!
Höhenunterschied: 940 m.
Höchster Punkt: Hochwechsel, 1743 m.
Einkehrmöglichkeiten: Marienseer Schwaig (4 B., 20 L.; geöffnet vom 20. Mai bis 30. September), Wetterkogler Haus (13 B., 42 L.; vom 1. Mai bis 1. November durchgehend, sonst nur an Wochenenden geöffnet), Hallerhaus (30 B., 35 L.; im November geschlossen, sonst stets geöffnet). Gasthöfe auf der Mönichkirchner Schwaig.
Sehenswertes: Die prachtvoll gelegene Marienseer Schwaig. Die Rundsicht vom Gipfel des Hochwechsel.

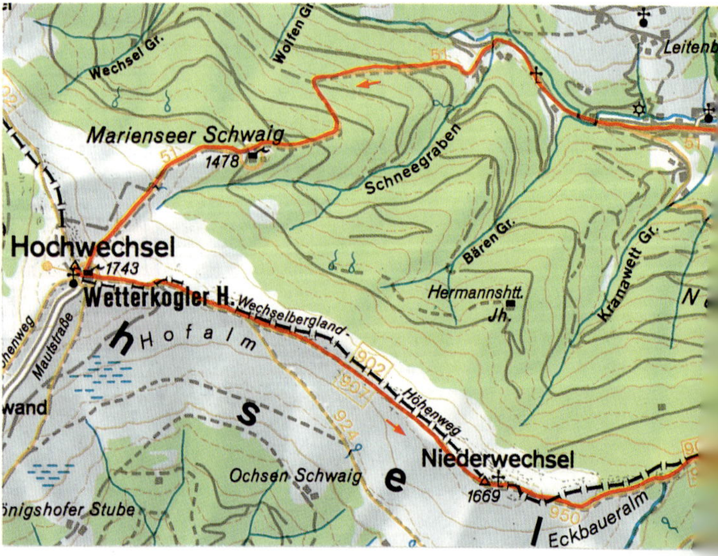

Im Herbst, wenn sich Flechten, Gräser und Heidelbeersträucher verfärben und das niedrige Hügelgewoge im Osten unter einer dicken Nebelschicht ruht, dann werden Wanderungen über die schier endlosen Urgesteinskämme des Wechsel zu einem Erlebnis. Die vorliegende Rundtour von Mariensee über den extrem wetterexponierten Hochwechsel erlaubt einen intensiven Kontakt mit dieser an subarktische Verhältnisse (Islandmoose) gemahnenden Landschaft, die im starken Kontrast zum gewohnten Kalksteinszenarium der Wiener Hausberge steht. Von **Mariensee** die Asphaltstraße talein zur Linksabzweigung von Weg Nr. 51, ½ Std. Den schönen Weg in Südwestrichtung durch Wald anfangs steil bergan, wobei eine Forststraße mehrmals traversiert wird. Man erreicht schließlich die Waldgrenze und über Almweiden die herrlich gelegene **Marienseer Schwaig**, 1478 m, von der sich ein überraschender Aufblick auf den Hochwechsel mit seinen weiten Grasflanken bietet. Von den Almhäusern in eindrucksvoller Wanderung zunächst über sanft geneigte Wiesen, später über den allmählich steiler werdenden Hang südwestwärts empor zum Gipfel des **Hochwechsel** mit dem **Wetterkogler Haus** (1743 m, Kapelle und Kriegerfriedhof, Mautstraße von Waldbach-Mönichwald).

Nun in aussichtsreicher Wanderung den flachen, felsdurchsetzten Wiesenkamm entlang der Landesgrenze zwischen Niederösterreich und Steiermark auf dem Weg Nr. 902 und 907 nach Südosten zur Erhebung des **Niederwechsel** (1669 m, Kriegergedenkstätte). Den Kamm hinunter zur Waldgrenze und über die **Steinerne Stiege** – einen etwas felsigen Wegabschnitt, der unter Wiener Bergwanderern einen gewissen Bekanntheitsgrad genießt – zum **Hallerhaus**, 1350 m. Eine Skitrasse nach Osten hinab zu den Gasthöfen am Sattel der **Mönichkirchner Schwaig**, 1174 m, mit Bergstation eines Sessellifts von Mönichkirchen. Dort beim Alpengasthof Enzian links ab und auf rot bez. Fahrweg durch Wald nach Nordwesten abwärts zum Gasthof Fernblick. Weiter zu einer kleinen Kapelle und dort rechts einen bez. Weg, am Hof Siegerl vorbei, über Wiesen und durch Gräben hinab nach **Mariensee**.

51 Türkensturz, 610 m

Sagenumwobener Steilfels im äußeren Pittental

Seebenstein – Türkensturz – Burg Seebenstein – Seebenstein

Talort: Seebenstein, 348 m, Erholungsort im äußeren Pittental.

Ausgangspunkt, Parkmöglichkeit: Beim Parkbad im Ortsgebiet von Seebenstein, 200 m südlich der Brücke über den Pittenbach.

Gehzeiten: Anstieg Seebenstein – Türkensturz ¾ – 1 Std., Abstieg Türkensturz – Burg Seebenstein – Seebenstein 1 Std.; Gesamtgehzeit 1¾ – 2 Std.

Anforderungen: Einfache Wanderung auf breiten Waldwegen.

Höhenunterschiede: 270 m im An- und Abstieg.

Höchster Punkt: Türkensturz, 610 m.

Einkehrmöglichkeiten: Mehrere Gasthöfe in Seebenstein. Unterwegs keine Einkehr.

Sehenswertes: Die künstliche Ruine (mit aufgesetztem Halbmond) am Gipfel des Türkensturz. Von dort atemberaubender Tiefblick in das Pittental mit Schneeberg, Raxalpe und Sonnwendstein darüber. Die Burg Seebenstein (Bauperioden im 11. und 16. Jh.), wo einst Anton David Steiger den Nostalgieklub »Wildensteiner Ritterschaft zur blauen Erde« gegründet hat, dem u. a. Erzherzog Johann und Prinz Wilhelm von Preußen angehörten. Führungen von April bis Okt. täglich außer Montag.

Hinweis: Der Türkensturz kann auch vom Ort Gleißenfeld erreicht werden.

Der östlich über dem Pittental thronende, felsige Türkensturz ist inmitten des sanften Hügelgewoges der Buckligen Welt eine echte Sensation. Seinen Scheitel krönt eine 1824 durch Fürst Johann I. von Liechtenstein errichtete, überaus pittoreske Ruine mit dem Zeichen des Halbmondes auf ihren Zinnen. Durch die 120 m hohe, senkrechte Westwand des Berges führt einer der kühnsten Klettersteige rings um Wien, der Pittentaler Steig. Aber der Türkensturz kann auch bequem, vom nördlich gelegenen Ort Seebenstein erreicht werden. Am Gipfel angelangt, muß man einen Blick in jenen furchterregenden Abgrund werfen, in den einst ansässige Bauern eine Schar terrorisierender Türken gestürzt haben sollen.

Vom Parkplatz beim **Seebensteiner Parkbad** einen grün und rot bez. Fahrweg in Südrichtung sanft aufwärts zu einer Verzweigung (10 Min., nach

Die Ruine am Gipfel des Türkensturz.

links zur Burg Seebenstein). Geradeaus den breiten, grün bez. Weg durch schönen Laubwald, am Westabhang des Schloßberges entlang aufwärts, zu einem Sattel (Unterstandshütte). Auch hier geradeaus und durch Wald in 5 Min. hinauf zum Gipfel des **Türkensturz**, 610 m, mit künstlicher Ruine. Prachtvolle Aussicht. Absturzgefahr!
Abstieg: Zurück zum oben erwähnten Sattel. Kurz danach rechts ab und auf rot bez. Straße den bewaldeten Westabhang des Schloßberges queren, dann durch Laubwald in weiten Kehren nach Norden hinab zur **Burg Seebenstein**, 456 m, mit schönen Wiesen ringsum. Auf breitem Weg in Serpentinen weiter abwärts nach **Seebenstein**.

52 Rosaliengebirge-Überschreitung

Lange Waldwanderung zur schönsten Burg des Landes

Bad Sauerbrunn – Gespitzter Riegel – Rosalienkapelle – Burg Forchtenstein

Talort: Bad Sauerbrunn, 292 m. Bekannter Kurort 8 km südöstlich von Wiener Neustadt.
Ausgangspunkt: Hauptplatz, 292 m, von Bad Sauerbrunn.
Parkmöglichkeit: Im Ortsgebiet von Bad Sauerbrunn.
Gehzeiten: Bad Sauerbrunn – Gespitzter Riegel 1¼ – 1½ Std., Gespitzter Riegel – Rosalienkapelle 1½ – 1¾ Std., Rosalienkapelle – Burg Forchtenstein ¾ Std.; Gesamtgehzeit 3½ – 4 Std.
Anforderungen: Einfache Kammwanderung. Gut bez. Wege.
Höhenunterschiede: 500 m im Anstieg, 200 m im Abstieg.
Höchster Punkt: Die Rosalienkapelle am Heuberg, 748 m.
Einkehrmöglichkeiten: Ghf. »Zur Rosalienkapelle« (20 B.; im März und in der letzten Novemberwoche geschlossen, sonst immer offen; von Mai bis Okt. kein, sonst Dienstag Ruhetag), Burgstüberl Forchtenstein (keine Nächtigung, vom 1. April bis 7. Nov. geöffnet), Gasthöfe in Bad Sauerbrunn und Forchtenstein.
Sehenswertes: Von der Rosalienkapelle schöner Blick zur Burg Forchtenstein.

Die östlichste Begrenzung des Alpenbogens bildet das aus kristallinen Gesteinen bestehende Rosaliengebirge. Mit seinen ausgedehnten Wäldern war der Bergrücken schon immer eine wichtige Landesgrenze, an der sich Österreicher und Ungarn gegenseitig das Leben schwer machten. Heute vermittelt dieser lange Waldkamm eine der beschaulichsten Streckenwanderungen im Ausflugsgebiet der Wiener.

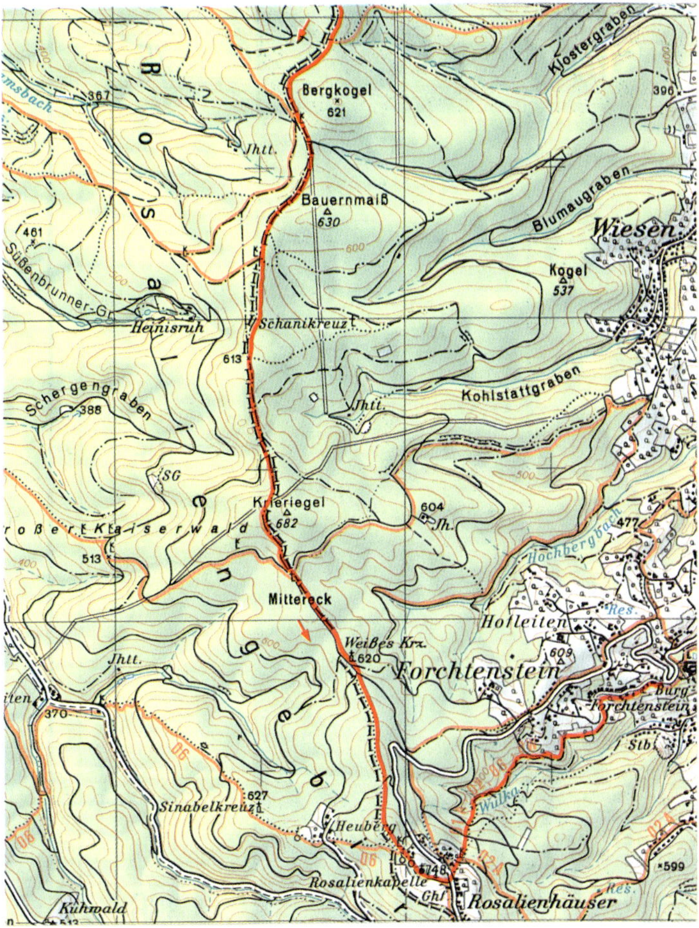

Vom Hauptplatz in **Bad Sauerbrunn** westwärts unter der Bahn durch, dann durch den Kurpark zur Mündung eines bewaldeten Tales. Auf gelb bez. Weg an seiner rechten Seite in Kehren empor zu einem Waldrücken und über ihn nach Südwesten zu einer Schulter (Wegteilung). Dort scharf links und nach Querung eines Güterweges durch einen Hohlweg zum Waldrükken südlich des **Gespitzten Riegels.** Nun auf Naturstraße am Höhenrücken eben nach Süden, wobei die Erhebungen Bergkogel, 621 m, Bauernmaiß, 630 m, und Krieriegel, 682 m, westlich umgangen werden. Man gelangt so zum **Tobiaskreuz**, danach zum Rastplatz beim **Weißen Kreuz** (gemauerter Bildstock). Bei der darauffolgenden Wegteilung halbrechts den rot bez. **Hotterweg** nach Süden aufwärts, später, an Häusern und einem Sendemast vorbei, zur **Rosalienkapelle** (Wallfahrtsort) am **Heuberg**, 748 m, dem höchsten Punkt des Kammes.

Die stolze Burg Forchtenstein in Westansicht.

Bildstock Weißes Kreuz am Höhenrücken des Rosaliengebirges.

Abstieg: Von der Kapelle nach Südosten hinab in den Ort **Rosalienhäuser** (Ghf. »Zur Rosalienkapelle«), dann links auf Straße 50 m nach Norden zur Rechtsabzweigung eines Steiges. Diesen durch Gärten und über Wiesen, später durch Wald nach Nordosten steil bergab, dann über die Wulka und an der linken Talseite den **Reitsteigweg** in aussichtsreicher Wanderung eben zu einer Wegbiegung (überraschender Blick zur mächtigen Burg Forchtenstein). Nun durch die asphaltierte Reserlgasse in den **Ort Forchtenstein**, 508 m, und zur Burg Forchtenstein (Bushaltestelle). Zurück nach **Bad Sauerbrunn** zu Fuß (über Wiesen) oder per Bus über Mattersburg.

Stichwortverzeichnis

Die Zahlen hinter den Begriffen verweisen auf Tournummern und Notizen im Abschnitt »Wissenswertes von A bis Z« (=WS).
Begriffe wie Gasthof, Hotel, Vordere, Untere usw. sind nachgestellt.